Abhandlungen des kriminalistischen Instituts
an der Universität Berlin
Begründet von Dr. Franz von Liszt
Herausgegeben von
Dr. James Goldschmidt und Dr. Eduard Kohlrausch
Professoren des Strafrechts an der Universität Berlin
Vierte Folge. Erstes Heft.

Liberalismus und Strafrecht
im 19. Jahrhundert

unter Zugrundelegung der Lehren Karl Georg v. Waechters

von

Dr. Herbert Dannenberg

Berlin und Leipzig 1925
Walter de Gruyter & Co.
vormals G. J. Göschen'sche Verlagshandlung — J. Guttentag, Verlagsbuchhandlung — Georg Reimer — Karl J. Trübner — Veit & Comp.

Vorwort.

Das öffentliche Recht eines Staates ist der Niederschlag der politischen Ideen, die zur Zeit der Rechtssetzung herrschend waren. Aufgabe dieser Schrift ist es, den Einfluß der liberalen Staatsauffassung des vorigen Jahrhunderts auf das Strafrecht und unser noch heute geltendes Strafgesetzbuch in den Grundbegriffen des Strafrechts darzustellen. Darüber hinaus ist die Arbeit aber auch das Ergebnis eines bestimmten politischen Wollens. Der Verfasser hat nicht nur die Überzeugung, daß jene liberalen Gedanken der vergangenen Epoche über den „Rechtsstaat" ihre Kraft im politischen Leben der Gegenwart und der Zukunft mehr und mehr verlieren, sondern auch den Glauben, daß diese Entwicklung gut ist. In diesem Sinne ist die Schrift am Schluß bewußt von einer Tendenz beherrscht, die in vielen Punkten übereinstimmt mit dem Wollen des Mannes, dessen Worte — gesprochen an dem Tage, an dem seine Gegner die Heiligkeit eines irgendwo abstrakt existierenden Rechtes als Mittel zu seinem Sturz benutzen — den Schluß der Arbeit bilden. — Daß von den berührten Fragen so manche nur gestreift sind und der eingehenderen Darstellung entbehren, ist mir nicht verborgen. Der Grund hierfür ist einmal die Notwendigkeit gewesen, noch andere dringende Aufgaben zu erledigen, sodann aber der Zweifel bei so vielen Punkten des Verhältnisses von Recht und Staat, welche Bewertung man dem Liberalismus da zukommen lassen soll. Die politischen Wirrnisse der letzten Jahre haben mich gerade bei dieser Arbeit aufs tiefste beeindruckt, weshalb ich die Nachsicht des Lesers erbitte.

Schließlich sage ich den Herausgebern dieser Abhandlungen meinen Dank für die Aufnahme der Schrift in diese Sammlung, vor allem meinem verehrten Lehrer Herrn Professor Kohlrausch für die stete Förderung meiner Arbeit.

Berlin-Charlottenburg, Pfingsten 1925.

Herbert Dannenberg.

Inhaltsverzeichnis.

Literaturverzeichnis.

v. Bar, Handbuch des deutschen Strafrechts. 1882.

Binding, Die Normen. Bd. I. 1890.

Binding, Strafrechtliche Abhandlungen I. 1915.

Binding, Grundriß des deutschen Strafrechts. 8. Aufl. 1913.

Binding, Zum Werden und Leben der Staaten. 1920.

Breuer, Die politische Gesinnung und Wirksamkeit des Kriminalisten Anselm Feuerbach, Straßburger Dissertation. 1905.

Burke, Betrachtungen, herausgegeben von Gentz. 1794.

Dietzel, Das 19. Jahrhundert und das Programm des Liberalismus (Rede).

Feuerbach, Lehrbuch des peinlichen Rechts. 5. Aufl. 1812.

Gierke, Johannes Althusius. 1902.

Gerland, Reichsstrafrecht. 1922.

Grolman, Grundsätze der Kriminalrechtswissenschaft. 4. Aufl. 1825.

Haym, Die deutsche Nationalversammlung. 1848.

Hegel, Grundlinien der Philosophie des Rechts. 1833.

Humboldt, Ideen zu einem Versuch, die Grenzen der Wirksamkeit des Staates zu bestimmen.

Jellinek, Erklärungen der Menschen- und Bürgerrechte. 1919.

Kant, Zum ewigen Frieden (Reklam).

Klein-Hattingen, Die (!) Geschichte des deutschen Liberalismus. 1911.

Kohlrausch, Irrtum und Schuldbegriff. 1903.

Kohlrausch, Die Schuld. 1910.

Landsberg, Geschichte der deutschen Rechtswissenschaft. III, 2. 1910.

Liepmann, Einleitung ins Strafrecht. 1900.

v. Liszt, Lehrbuch des Strafrechts. 1921. (E. Schmidt.)

v. Liszt, Strafrechtliche Aufsätze und Vorträge. 1905.

M. E. Mayer, Allgemeiner Teil des deutschen Strafrechts. 1915.

M. E. Mayer, Rechtsphilosophie. 1921.

Meinecke, Weltbürgertum und Nationalstaat. 1919.

Merkel, Rede über den Zusammenhang zwischen der Entwicklung des Strafrechts und der Entwicklung der öffentlichen Zustände und des geistigen Lebens der Völker. Straßburg 1890.

Merkel, Vergeltungsidee und Zweckgedanke im Strafrecht. 1892.

Radbruch, Grundzüge der Rechtsphilosophie.

Rehm, Geschichte der Staatswissenschaften. 1896. (Seydels Handbuch des öffentlichen Rechts, Einleitungsband.)
Rosenzweig, Hegel und der Staat. 1920.
Sauer, Grundlagen des Strafrechts. 1921.
R. Schmidt, Aufgaben der Strafrechtspflege. 1895.
R. Schmidt, Allgemeine Staatslehre. 1901.
Carl Schmitt (Dorotič), Politische Theologie. 1922.
Carl Schmitt, Die geistesgeschichtliche Lage des heutigen Parlamentarismus. 1923.
Schottländer, Die geschichtliche Entwicklung des Satzes nulla poena sine lege in v. Lilienthals Heften Nr. 132.
Spranger, Altensteins Denkschrift und ihre Beziehungen zur Philosophie, in den Forschungen zur Brandenburgisch-Preußischen Geschichte.
Stammler, Rechts- und Staatstheorien der Neuzeit. 1917.
Stillich, Der Liberalismus (Die politischen Parteien Deutschlands. II).
Stenographische Berichte der Frankfurter Nationalversammlung. 1848.
Tesar, Staatsidee und Strafrecht. I. 1914.
Treitschke, Geschichte des 19. Jahrhunderts.
Waechter, Karl Georg, Lehrbuch des römisch-deutschen Strafrechts. 1825.
— Sächsisches Strafrecht. 1857.
— Gemeines Recht Deutschlands. 1844.
— Erläuterungen über das württembergische Gesetz über privatrechtliche Folgen des Verbrechens und der Strafe. 1840.
— Beiträge zur Geschichte und Kritik eines Strafgesetzbuches für den Norddeutschen Bund.
— Vorlesungen über deutsches Strafrecht. 1881.
O. v. Waechter, Karl Georg v. Waechter, Biographie.
Westphal, Welt- und Staatsauffassung des deutschen Liberalismus. 1919.
Windscheid, Karl Georg v. Waechter. 1880.

Spezialliteratur bei den einzelnen Abschnitten.

1. Kapitel.

Politischer Liberalismus und Strafrecht.

Die Frage nach der Gestaltung des in einem Staate geltenden Rechts ist untrennbar verbunden mit dem Problem, welchen Sinn es überhaupt hat, daß die Menschen unter einer Staatsordnung leben. Mag die Gesellschaft nur in der Wechselwirkung der Individuen bestehen oder außerhalb dieser eine selbständige „Gruppenexistenz" (Simmel) führen, immer bleibt ein Konflikt zwischen der Lebensform des Staates und des Individuums bestehen. Der Staat als gesellschaftlicher Organismus will eine Einheit sein, so daß jedes Individuum nur ein Teil ist und in dieser Funktion des Lebens für das Ganze völlig aufgeht. Das Individuum will für sich allein leben und den Staat von sich aus und für sich gestalten, um in ihm ohne Rücksicht auf die Interessen der Gesamtheit seine Fähigkeiten frei entfalten zu können. Eine prinzipielle unanfechtbare Lösung des Gegensatzes zwischen Staat und Einzelwesen ist nicht möglich. Es ist ein Unterschied in der Welt- und Lebensauffassung, ob man dem Staat oder dem Einzelnen den Primat zuerkennt und demgemäß sich einer staatsabsolutistischen oder einer liberalen Partei anschließt. Gegen den Liberalen, für den der Staat im Dienst des Individuums besteht, erhebt man dabei oft den Vorwurf, er stelle seine eigenen persönlichen Vorteile in den Mittelpunkt des Staates und huldige damit einer Staatsauffassung mit rein egoistischen Zielen. Das ist indes ein Standpunkt, den „tiefere Reflexion"[1]) zu überwinden hat. Die Vervoll-

[1]) Simmel, Grundzüge der Soziologie, S. 74. — Auf Simmel und M. E. Mayer basiert vornehmlich die obige Erörterung.

kommnung des eigenen Ichs kann erstrebt werden, ohne dabei einen eigenen Zustand von Glückseligkeit erreichen zu wollen. Es ist möglich, die Vollkommenheit des Ichs ohne Rücksicht auf sich oder die andern zu wollen, um die „Sache" verwirklichen zu können, womit festgestellt ist, daß es außer dem Egoismus und dem Altruismus noch ein Drittes gibt, das freilich den Gegensatz von Staat und Individuum auch nicht überbrückt. Aber noch aus einem zweiten, mit dem eben angeführten zusammenhängenden Grunde ist der bekämpfte Standpunkt abzulehnen. Da wir auch jenseits unseres Staates Menschen unter staatlicher Ordnung sehen, ist es unmöglich, beim Staate, als letzter gesellschaftlicher Zusammensetzung stehen zu bleiben: Die Menschheit ist ein notwendiger Gedanke[2]). Es sind nun die Eigenschaften, die den besonderen Wert des Individuums ausmachen, die Vornehmheit der Gesinnung, Milde, Denktiefe unabhängig von der Zugehörigkeit zu einem bestimmten Staat, Menschheitswerte[3]), durch die der Typus Mensch sein besonderes Niveau erhält und die, wenn sie in ihrer Bezogenheit auf die Menschheit gepflegt werden, diesen äußersten Transpersonalismus als veredelten Personalismus erscheinen lassen[4]). Sehr charakteristisch heißt es bei Kant[5]): Hält nicht einen rechtschaffenen Mann im größten Unglück des Lebens ... noch das Bewußtsein aufrecht, daß er die Menschheit in seiner Person doch in ihrer Würde erhalten und geehrt habe? Dieser Trost ist nicht Glückseligkeit, auch nicht der mindeste Teil derselben.

Wir sehen danach den politischen Liberalismus als die Staatsauffassung an, die dem Staate keinen eigenen Wert zuerkennt, sondern ihm nur zum Schutze des Individuums eine eng begrenzte Wirksamkeit überweist. Der Wert des

---

[2]) M. E. Mayer, Rechtsphilosophie, S. 31.

[3]) Vgl. Meinecke, Weltbürgertum und Nationalstaat, S. 18: In dem Emporstreben des Einzelnen in die Sphäre des nur ihm Eigenen liegt oft ein universales Moment.

[4]) Vgl. M. E. Mayer, S. 76.

[5]) Kritik der praktischen Vernunft, Ausgabe Vorländer, S. 113 (1. Buch, 3. Hauptstück).

Staates liegt allein darin, daß nur in ihm der Mensch seine Eigenart voll entwickeln kann. Die Idee des Liberalismus ist die Humanität, der Gedanke der Kultur der Menschheit, nach welcher der Mensch, herausgelöst aus allen bedingten sozialen Zuständen rein nach dem Werte seiner Persönlichkeit beurteilt wird, ein Wert, der eben gleichzeitig individuell und überindividuell ist. Diese Auffassung von Menschheit und Staat war es nun, die im 18. Jahrhundert zum stärksten Faktor der politischen Entwicklung wurde und das gesamte Staats- und Rechtsleben maßgebend beeinflußte. — Werfen wir zunächst einen kurzen Blick auf die Entstehungsgeschichte des modernen Liberalismus und die Beziehungen, die zwischen dem Liberalismus und dem Strafrecht überhaupt möglich sind[6]).

Der moderne Liberalismus ist entstanden als Reaktion gegen den Staatsabsolutismus der Aufklärungszeit und zwar

---

[6]) Die Literatur auf dem in Frage stehenden Gebiete ist sehr dürftig. Es gibt wohl 2 „historische" Darstellungen des Liberalismus von Stillich und Klein-Hattingen. Letztere zeigt indes schon im Titel an, daß sie eher der Gruppe der Geschichten als der Geschichte angehört. Von beiden sagt E. Brandenburg mit Recht, sie ständen unter aller Kritik. Das Buch von Westphal gibt unter irreführendem Titel nur einen kleinen, für die Arbeit kaum in Betracht kommenden Ausschnitt. Am meisten gelernt hat der Verfasser aus dem Werke von Tocqueville, L'ancien regime et la revolution, das den Niedergang des aufgeklärten Despotismus und den emporsteigenden Liberalismus in groß angelegter, wenn auch nur für Frankreich bestimmter Darstellung behandelt. Außer diesem waren für das Folgende verwertbar: Cassirer, Natur- und Völkerrecht im Lichte der Geschichte und der systematischen Philosophie, 1919. Paul Barth, Geschichte der Pädagogik auf soziologischer Grundlage, Wilbrandt, Kant und der Zweck des Staates; Schmollers Jahrbuch 28, 903 ff.; Meinecke, Die Idee der Staatsräson, 1924; Troeltsch, Das Wesen des modernen Geistes; Preußische Jahrbücher, April 1907; Hintze, Preußens Entwicklung zum Rechtsstaat (Forsch. zur Brand.-Preuß. Geschichte, Bd. 22). Von juristischen sind von Bedeutung vor allem die Schriften von M. E. Mayer, von denen fast jeder Abschnitt Anregungen erhalten hat, aber auch Landsberg, Geschichte der Rechtswissenschaft, 3; Gierke, Althusius und Jellinek, Allgemeine Staatslehre. Die Geschichte des Strafrechts von Bar, Handbuch I, war für dieses Thema ziemlich, die von Geib, Lehrbuch I, völlig unerheblich.

in Fortentwicklung der naturrechtlich-individuellen Seite dieser geistigen Bewegung. Die Aufklärung hat auf dem Gebiete der Politik in zwei verschiedenen Richtungen bahnbrechend gewirkt: Sie hat eine neue Staatsräson gebracht, anderseits aber dem Individuum eine freiere Stellung im Staate ermöglicht[7]). Die Staatsräson der Aufklärung erhält ihr eigentümliches Gesicht durch die Zertrümmerung des mittelalterlichen Ständestaats und die Schaffung einer zentralisierten Staatsverwaltung[8]). Dem Primat des Staates bringt auch der Fürst sein Opfer, er wird zum Staatsorgan. Die Aufgabe des Staates wiederum ist es, und damit kommen wir zur anderen Seite der politischen Auswirkungen der Aufklärung, für das Wohl seiner Untertanen zu sorgen. Darin liegt zwar der Gedanke der staatlichen Machtentfaltung auch auf den Gebieten des individuellen Lebens. Aber diese Staatstätigkeit steht auch im Dienste des Individuums und der Menschheit[9]). Das ist erklärlich aus der damals herrschenden Auffassung von der Entstehung des Staates durch einen Vertrag zwischen den einzelnen Individuen, nach der ja der Staat zur Förderung des Individuums bestimmt war. Es trat hiermit gegenüber der auf Privilegien aller Art beruhenden Gesellschaftsordnung das Streben nach staatsbürgerlicher Rechtsgleichheit in Erscheinung, die für die eigenartige Entwicklung jedes Individuums eine unerläßliche Voraussetzung ist. Die Stärke der staatlichen Wohlfahrtsbestrebungen für die individuelle Entwicklung ist besonders klar in der Schulpolitik

---

[7]) Vgl. hierzu für Preußen noch Hintze, Die Hohenzollern und ihr Werk, 8. Aufl., S. 268 ff. und 398 ff.; Otto Mayer, Verwaltungsrecht § 4 und 5; Eberhard Schmidt, Rechtsentwicklung in Preußen, 1923, S. 8 ff.

[8]) Daß hier auch Fragen der auswärtigen Politik stark in Betracht kommen, wird oft übersehen; darüber vgl. Rankes wundervollen Aufsatz über die großen Mächte. Wir werden auf diesen Punkt noch im letzten Kapitel der Arbeit zurückkommen.

[9]) Vgl. Meinecke, Idee der Staatsräson, S. 381 und 387 und besonders das Kapitel über Friedrich den Großen, wo er sehr schön die zwei Seiten der Aufklärung schildert: „Die Ziele der Humanität mit aufzunehmen in die Staatsräson“, S. 422.

dieser Zeit zu sehen[10]), wo man bestrebt war, die Jugend im Sinne einer freilich etwas verschwommenen Idee der Humanität zu erziehen. Es zeigte sich aber die individuelle Seite der Staatstätigkeit auch in der Gesetzgebung, so etwa in dem Josephinischen Strafgesetzbuch, das als erstes den Satz nulla poena sine lege durchführte[11]) und damit eine Hauptforderung des späteren Liberalismus vorwegnahm.

Erbe dieser individuellen Seite der Aufklärung[12]) ist der Liberalismus. Das entwickelte Individuum des 18. Jahrhunderts empfand die drückenden Mittel, mit denen der Staat ihn lenkte, als unwürdig, und es entstand das Ideal der Freiheit des Individuums. Mit ihm erhielt die Idee der Menschheit gesteigerte Bedeutung für die individuelle Entwicklung. In welchen Formen sich die Abkehr vom Staate vollzog, soll im folgenden Kapitel noch erwähnt werden. Hier wollen wir zunächst die Beziehungen, die sich zwischen dem Strafrecht und dem Liberalismus überhaupt entwickeln können, kurz betrachten.

Bei der Ausgestaltung einer staatlichen Rechtsordnung handelt es sich für den Politiker um das Problem der Machtverteilung letztlich zwischen Individuum und Staat. Wir können also Beziehungen zwischen dem Liberalismus und dem Strafrecht nur dort finden, wo das Strafrecht der Ausdruck der Machtverteilung im Sinne des Liberalismus ist und alle Fragen ausschalten, bei denen es sich um die technisch vollendete Ausgestaltung des positiven Rechts auf Grund einer bestimmten Staatsauffassung handelt. Von diesem Gesichtspunkt aus kommen wir zu vier Hauptberührungspunkten des politischen Liberalismus mit dem Strafrecht.

1. Infolge des Postulats der Freiheit vom Staat muß das positive Recht eindeutig festlegen, in welchen Fällen ein

---

10) Vgl. das angeführte Buch von P. Barth.

11) Vgl. Stooß, Kriminalpolitische Gedanken österreichischer Strafgesetzgeber, 1902, S. 11.

12) Wenn Liszt in seinem Aufsatz über Klein für das oberste politische Prinzip der Aufklärung den Satz aufstellt: salus publ. suprema lex so wird er dem Doppelgesicht der Aufklärung nicht gerecht.

staatliches jus puniendi besteht. Die Arten der individuellen Betätigung sind kaum zu überblicken; die Staatstätigkeit ist in enge Grenzen gebannt, auf genau berechenbare Fälle eingeschränkt, in denen sie wiederum erfolgen muß. Hieraus folgt der Satz: nulla poena sine lege und die Beschränkung der Analogie[13]).

2. Greift der Staat ein, so hat er sich auf die Reaktion gegen das Unrecht zu beschränken und das Individuum nur soweit zu treffen, als es für die Erhaltung der allgemeinen Freiheit und Sicherheit nötig ist. Die Strafe darf keinen außer ihr liegenden Zweck erreichen wollen: Der politische Liberalismus vertritt das Prinzip der Vergeltung[14]).

3. Der Staat darf den Verbrecher nur strafen, wenn dieser durch seinen Willen die Ursache des Verbrechens wurde. Nur der schuldhafte Täter wird bestraft. Aber die Schuld wird nur im Übertreten der Norm gesehen, nicht in einer antirechtlichen Gesinnung des Täters. Nur für die Normübertretung wird er bestraft. Auf den Charakter des Verbrechers Rücksicht zu nehmen, ist dem Staate bei der Strafzumessung nicht erlaubt. Der politische Liberalismus kommt über dem formellen Schuldbegriff nicht hinaus.

4. Der Liberalismus hat dem Individuum die Verfügungsmacht über eine Reihe von Rechtsgütern verschafft, die bisher der Staat inne hatte: Er hat die staatsfreie Sphäre[15]) geschaffen. Es werden bei einer Reihe von generell rechtswidrigen Handlungen durch die Einwilligung des Verletzten

---

[13]) Auf dem Gebiete des Strafprozesses das Legalitätsprinzip.

[14]) Radbruch, Rechtsphilosophie, S. 127 und Aschaffenburgs Monatsschrift, V, 1 ff. vertritt die gegenteilige Meinung: Der Liberalismus vertritt nach ihm die Sicherungstheorie. Bei Kants Straftheorie der Talion kommt er dabei bereits in Schwierigkeiten; er erklärt Kants Stellungnahme für ein ungelöstes Problem. M. E. ist Radbruchs Ansicht nicht klar begründet: Er legt in den Begriff der Vergeltung mehr hinein als notwendig und trennt dann die Vergeltung als Strafzweck von der Vergeltung als Strafgrund, ohne die Begriffe klar zu begrenzen. Vgl. auch gegen Radbruch Richard Schmidt, Die Strafrechtsreform in ihrer staatsrechtlichen Bedeutung, S. 188, 194, 207.

[15]) Vgl. Jellinek, Allgemeine Staatslehre, S. 296.

Gründe für die Ausschließung der Rechtswidrigkeit geschaffen.

Damit sind die Beziehungen zwischen Liberalismus und Strafrecht nicht erschöpft, insbesondere ist die Frage des sog. besonderen Teils, die Frage, welche Verbrechenstatbestände für den liberalen Staat überhaupt in Betracht kommen, gar nicht berührt. Doch ist diese Auswahl getroffen worden, um für das Thema bestimmte Grenzen zu haben. Nicht jede einzelne Beziehung des Liberalismus zum Strafrecht soll untersucht werden, sondern nur die Einwirkungen des modernen Liberalismus auf die Grundlagen des Strafrechts werden geprüft werden; dabei wird sich die Wahrheit des Satzes zeigen: „Jede Rechtssetzung ist ein politischer Akt, d. h. ein Akt, in welchem Machtspannungen für die Gestaltung der Rechtsverwirklichung mitbestimmend sind[16]).“

2. Kapitel.

Liberalismus und Strafrechtswissenschaft im Anfang des 19. Jahrhunderts.

Alle Theorien über das Verhältnis von Staat und Einzelpersonen zu Beginn des 19. Jahrhunderts stehen unter dem Einfluß der geistigen Bewegung, die soeben in Frankreich jene große politische Umwälzung hervorgerufen hatte, durch die der alte Feudalstaat von Grund aus beseitigt worden war. Durch die französische Revolution wurde die Lehre vom Rechte, das mit uns geboren ist, aus einer wissenschaftlichen Theorie eine politische Realität und ist es geblieben trotz allen Angriffen und Umbiegungen bis auf unsere Zeit (darüber vgl. auch das letzte Kapitel). Den klaren Ausdruck der neuen Auffassung vom Staat und seine durch eine geschriebene Verfassung sorgsam gesteckten und abgegrenzten Ziele bildet der Artikel 2 der Erklärung der Menschen- und Bürgerrechte: le but de toute association politique est la conser-

---

[16]) P. Tillich, Das System der Wissenschaften nach Gegenständen und Methoden, 1923, S. 137.

vation des droits naturels et imprescriptibles de l'homme. Les droits sont la liberté, la propriété, la sûreté et la résistance à l'oppression. Hierin war ausgesprochen, daß der Staat nur ein Mittel für die volle Entwicklung des Individuums und seiner natürlichen Rechte sein sollte. Aufgabe des jeweils im Staate geltenden Rechts war es danach, die Grenzen für die Tätigkeit des Staates derart festzusetzen, daß jeder einzelne nur soweit staatlichem Zwange sich zu unterwerfen hat, wie er geeignet und notwendig war, die Freiheit der einzelnen zu verwirklichen und zu gewährleisten. Dementsprechend wurden die Grundlagen aller Zweige des Rechts nach dieser Staatsauffassung wesentlich umgestaltet.

Wenn in einer bestimmten Epoche eine besondere politische Bewegung das öffentliche Leben beherrscht, so wird sich stets für diese herrschende Richtung der Politik der ihr entsprechende philosophische Hintergrund feststellen lassen. Dabei ist es nicht so, daß eine besonders geartete Philosophie sich mit Hilfe einer ihr eigenen Staatstheorie durchsetzt in der Praxis des politischen Lebens, noch schafft sich etwa eine politische Bewegung einen theoretischen „Überbau", sondern die gemeinsame ursprüngliche Einschätzung des menschlichen Lebens führt den Philosophen dazu, auf dem Gebiet des Denkens dieselben Gebilde systematisch zu meistern, die der Politiker durch sein Eingreifen in die realen politischen Verhältnisse auf die von ihm bestimmte Richtung zu bringen bestrebt ist. Die gemeinsame Grundstimmung der Politiker und Philosophen zu Beginn der französischen Revolution wurde getragen von dem Gedanken der sittlichen Selbstbestimmung des Individuums. Gegenüber dieser Auffassung büßten der Rationalismus und seine politische Parallelerscheinung, der aufgeklärte Despotismus, immer mehr die Herrschaft über die Geister ein. Man strebte nach Freiheit für die einzelne Persönlichkeit von der schematischen rationalen Bevormundung durch die staatliche Verwaltungstätigkeit auf allen Lebensgebieten. Die neuen ökonomischen Theorien der Physiokraten und von Adam Smith kamen zur völligen wirtschaftlichen Freiheit des einzelnen und zur äußersten

Einschränkung der Macht des Staates und sahen in der Beschränkung des Staates auf die Erhaltung der öffentlichen Sicherheit und Ordnung die stärkste Bürgschaft für das Ideal der Gleichberechtigung der freien Persönlichkeit[1]). Anderseits kam in Deutschland Kant zu seiner Trennung der beiden Reiche der Freiheit und der Natur. In der Welt der Freiheit herrscht das Sittengesetz, wie in der Natur die Kausalität[2]). Bei dieser Trennung der Welten mußte der Staat und mit ihm das Recht als Institution des Zwanges gegenüber den egoistischen und eudaimonistischen Trieben der Menschen in die Sphäre der Natur fallen und das Moralische blieb außerhalb des staatlichen Wirkungsbereiches. Damit kam zu der Beschränkung der Staatstätigkeit auf wirtschaftlichem Gebiet seine Ausschaltung für die sittliche Entwicklung der Individuen. In dieses System „ließen sich die idealeren Erziehungs- und Kulturaufgaben des Staates überhaupt nicht einordnen“[3]). Die französische Revolution erhob die Forderung nach der politischen Freiheit und der Gleichheit der Individuen zur Verfassungsbestimmung, und so blieb dem Staate nichts weiter als die Aufstellung und Erhaltung der für die individuelle freie Entwicklung infolge der menschlichen Unvollkommenheiten nun doch einmal unumgänglich nötigen Rechtsformen. Dieses Postulat eines reinen Rechtsstaates, der sich nicht über die Einwirkung auf die sinnlichen Triebe der Menschen erhob, war indes bereits kurz nach Ausbruch der französischen Revolution auf dem Höhepunkt seiner Herrschaft angelangt, etwa zu der Zeit, da Wilhelm v. Humboldt seine Schrift über die „Ideen zu einem Versuch, die Grenzen der Wirksamkeit des Staates zu bestimmen“, vollendete. Während die deutschen Denker den Ideen der französischen Revolution zunächst begeistert zustimmten, wandten sie sich sehr bald von ihnen ab, um dem Staat wieder tiefere Bedeutung für das Leben beizumessen. Diese geistige Um-

---

[1]) Vgl. Dietzel, Das 19. Jahrhundert und das Programm des Liberalismus, S. 19.

[2]) Spranger, Altensteins Denkschrift von 1807, S. 121.

[3]) Spranger a. a. O., S. 121 ff.

stellung wurde begünstigt von der Niederringung Deutschlands durch Napoleon, die den einzelnen mehr und mehr zu der Erkenntnis brachte, daß der Staat als eine Institution der Macht sich nur behaupten könne, wenn er nach außen und innen eigene von den einzelnen Staatsbürgern unabhängige Werte darstelle. Hegel dürfte als einer der bedeutendsten Gegner der zuletzt von Kant und Humboldt vertretenen Grundanschauungen genannt werden. Schon in seinen Tübinger Stiftsjahren, wo von einer entwickelten Staatsidee bei ihm noch keine Rede sein konnte, beschäftigte ihn der Freiheitsgedanke, aber ohne daß er dabei den einzelnen als Träger der Freiheit in den Mittelpunkt stellte[4]). In Frankfurt hatte er sich dazu durchgerungen, daß nicht vom Einzelmenschen, sondern vom Staat aus zu gehen sei[5]), und in seiner Schrift über die Reichsverfassung[6]) sieht er in dem Staat eine Macht gegen den einzelnen, und in der ganzen Schrift ist keine Stelle zu entdecken, wo der Staat bei seiner Tätigkeit auf den Schutz und die Sicherheit der einzelnen Menschen beschränkt wird. Hegel blieb bei seiner Auffassung vom Wesen und Wert des Staates in der Wirkung auf das deutsche Geistesleben nicht allein, insbesondere der Einfluß des Engländers Burke, der in seinen Betrachtungen über die französische Revolution die rein rationale, anhistorische Richtung in groß angelegter Darstellung bekämpfte, wirkte tief auf die deutschen Publizisten des beginnenden 19. Jahrhunderts, vor allem auf Adam Müller und Gentz. Der Staat war diesen Männern nicht bloß eine „Kaufmannssozietät"[7]), sondern eine über das Leben des einzelnen weit hinausragende Gemeinschaftsorganisation, die dem Individuum das Überindividuelle vermittelte[8]).

Diese Gegenströmungen gegen den krassen Liberalismus des 18. Jahrhunderts und die durch die Napoleonischen

---

[4]) Vgl. hierzu Rosenzweig, Hegel und der Staat I.

[5]) Rosenzweig a. a. O., S. 103 ff.

[6]) Die Verfassung Deutschlands 1801.

[7]) Burke, Betrachtungen, herausgegeben von Gentz I, S. 139.

[8]) Vgl. Meinecke, Weltbürgertum und Nationalstaat, S. 148 ff.

Kriege verursachte Verjüngung der deutschen Staaten gaben dem Liberalismus eine andere Gestalt, indem er bei allem Eintreten für den Primat des Individuums über den Staat diesem doch im Dienste des Individuums eine wesentlich höhere Bedeutung für die individuelle Entwicklung beimaß als zur Zeit der französischen Revolution. Wir beschränken uns indessen hier auf die Andeutung der Umstellung im Sinne eines gemäßigten Liberalismus und gehen sogleich auf die Entwicklung der Strafrechtswissenschaft in dem erwähnten Zeitabschnitt über.

„In der Geschichte des Strafrechts spiegelt sich die der Staatsidee, die ihrerseits ein Stück Kulturgeschichte ist.“ Wir sahen, wie durch die französische Revolution in der Politik die auf dem Boden des Naturrechts entstandene Theorie zur Herrschaft gelangte, daß der Staat zur Einwirkung auf das Individuum und zur Förderung der allgemeinen Wohlfahrt nicht legitimiert sei, sondern sich auf die Sorge für die Sicherheit seiner Bürger zu beschränken habe. Die Sphäre des Staates wurde genau abgeschieden von der des Einzelnen, und Eingriffe des Staates in die Freiheit der Untertanen sollten nur noch auf Grund besonderer gesetzlicher Ermächtigungen möglich sein. Auf dem Gebiete des Strafrechts fand das darin seinen Ausdruck, daß in der Deklaration der Menschenrechte von 1791 im Artikel 8 der Satz aufgenommen wurde: Nul ne peut être puni qu'un vertu d'une loi établie et promulqué antérieurement. Über die Bedeutung dieses Satzes fürs Strafrecht wird noch zu sprechen sein. Er ist das stärkste Bollwerk gegen Übergriffe des Staates geworden, und es wird noch in neuester Zeit um den Sinn dieser magna charta des Verbrechers, wie ihn Liszt so treffend nannte, heftig gestritten und, wie uns scheint, in Anbetracht der völlig veränderten politischen Lage in der Interpretation nicht immer korrekt verfahren[9]).

[9]) Vgl. Strafgesetzbuch § 2 und Weimarer R.V., Art. 116, und R.G. in Strafs., Bd. 56, 318. Ferner Goldschmidt, der, Jur. Wochenschrift 1924, 246, vom Raubbau des Staates mit dem Gehorsam der Staatsbürger und vom Untergraben des Vertrauens in die garantierende Funktion des Strafgesetzbuchs spricht!

Durch diesen Satz der Menschenrechte von 1791 war für das Strafrecht der kommenden Zeit die Richtung im Sinne des Liberalismus gegeben. Die Aufgabe der folgenden Ausführungen ist es, den Einfluß des politischen Liberalismus in seiner schwankenden Erscheinung auf die Grundlagen des Strafrechts an dem Werke zweier bedeutender Persönlichkeiten zu zeigen, von denen der eine freilich kaum noch dem Liberalismus anzugehören scheint. Bevor wir jedoch zur Erörterung der Grundbegriffe des Strafrechts bei Karl Georg von Waechter übergehen, soll noch ein Blick geworfen werden auf den Beginn der liberalen Aera im Strafrecht unmittelbar nach der französischen Revolution und deren Ergebnissen, wie sie Waechter bei seinem Eintritt in die Wissenschaft vorfand[10]).

Der Denker, der die liberalen Gedankengänge vom Rechtsstaat in die Strafrechtswissenschaft übernahm, war Anselm Feuerbach. Er stand unter dem Einfluß der naturrechtlichen Lehre vom Staatsvertrage, die das Fundament für seine Auffassung abgab, daß die Strafe gerechtfertigt sei durch die Einwilligung des Verbrechers, der das Delikt begangen habe, trotz Kenntnis der Strafdrohung. Dementsprechend ist bei Feuerbach das subjektive Strafrecht des Staates beschränkt auf die Fälle, in denen die Strafbarkeit einer Handlung vor deren Begehung durch einen festumrissenen Tatbestand erkennbar festgestellt worden ist, wodurch zugleich die Gewähr für die Sicherheit des Verbrechers von richterlicher Willkür geschaffen wird. Den Satz nulla poena sine lege und das Verbot der Analogie im Strafrecht faßt Feuerbach so eng auf, daß er in seiner 1804 veröffentlichten Kritik des Kleinschrodschen Entwurfs eines bayerischen St.G.B. dem Richter weder eine extensive noch eine restriktive Erklärung des Strafgesetzes zubilligte, worin

---

[10]) Zum Folgenden vergleiche das materialreiche Buch von Grünhut, Feuerbach und das Problem der strafrechtlichen Zurechnung 1922 und Breuer, Die politische Gesinnung des Kriminalisten Feuerbach, Straßburger Diss. 1905.

ihm Waechter später nicht folgte[11]), sondern im allgemeinen die Regelung des Privatrechts übernehmen wollte mit der freilich dehnbaren Einschränkung, daß „besondere politische Gründe“ Abweichungen für das Strafrecht erforderlich machen könnten.

Ausgehend vom Zweck des Staates, der Garantie wechselseitiger Freiheit des Individuums im Staate, betont Feuerbach die Trennung des Strafrechts von der Sittlichkeit. Es ist ihm nicht die Aufgabe des Staates, Sittlichkeit und Kultur zu pflegen[12]) sondern den Bürger vom verbotenen Verhalten abzuschrecken. Dieser Zweck der Abschreckung durch die Strafdrohung wird erreicht, wenn die Staatsbürger die Gesetze kennen; nur dann kann der Täter bestraft werden. Das Bedürfnis nach Abschreckung aber steigt mit der Stärke der verbrecherischen Motive, also mit dem Geringerwerden der sittlichen, auf der Willensfreiheit beruhenden Schuld. Der Vollzug der Strafe hat nur den Ernst der Strafdrohung zu beweisen, mit ihm ist kein Zweck verbunden. Bei kritischer Betrachtung wird man jedoch erkennen, daß bei Feuerbach die Strafe ihrem Wesen nach doch Vergeltung ist, ähnlich wie bei Kant. Feuerbach selber sah freilich den Zweck der Strafe in der Abschreckung, nebenher auch in der Sicherung des Staates und der rechtlichen Besserung des Bestraften (Lehrbuch § 133). Aber die Abschreckung gibt ja nur einen Zweck für die Strafdrohung ab, nicht für den Strafvollzug; und selbst das war vielen Liberalen noch zu wenig zweckfremd. Wir werden bei Waechter sehen, daß er jeden Gedanken an Abschreckung durch den Staat verwirft, weil dadurch der Verbrecher zum Mittel für fremden Zweck herabgewürdigt wird[13]).

Feuerbachs Wirken hat dem Liberalismus im Strafrecht zum Siege verholfen und für die folgenden Zeiten die Rich-

---

[11]) Über Gesetzes- und Rechtsanalogie im Strafrecht, Neues Archiv des Kriminalrechts, Jahrg. 44, S. 413 ff.

[12]) Vgl. Antihobbes, S. 167.

[13]) Vgl. sonst noch zur Kritik Feuerbachs v. Bar, Handbuch S. 248 ff. und Thibaut, Beiträge zur Kritik der Feuerbachschen Straftheorie 1802.

tung angegeben, in der ein Ausbau des positiven Rechts zu erfolgen hatte. Bei ihm, der auf dem Gebiete der Philosophie wie in der Politik mit gleicher Intensität tätig war, wird der ursprüngliche Zusammenhang zwischen politischem Liberalismus und Strafrecht großartiger offenbar als bei allen folgenden Juristen bis auf Franz v. Liszt; wie der moderne Liberalismus vom Naturrecht herkam, so ist die Rechtfertigung der Strafe durch die Einwilligung des Verbrechers der Reflex des naturrechtlichen Individualismus aufs Strafrecht. Das ist die eine Seite des Liberalismus: Individualistisch von Grund aus übernimmt er vom Naturrecht die Selbständigkeit der Idee der Gerechtigkeit gegenüber dem Staate. Auf der andern Seite aber nimmt er dem Naturrecht den Geltungsanspruch: Nur das positive Recht darf angewendet werden, es darf Recht nur gesprochen werden, wo ein Gesetz vorhanden ist (vgl. darüber den Schluß des nächsten Kapitels). — Zunächst aber wenden wir uns zu einem Manne, der politisch ein Liberaler, vor allem ein Jurist war[14]), um zu sehen, wie vom liberalen Ausgangspunkt die Grundbegriffe des Strafrechts gestaltet wurden und anderseits die ursprünglichen Gedanken des Liberalismus eine Veränderung durch ihre praktische Anwendung erfuhren.

3. Kapitel.

Karl Georg v. Waechter[1]).

Karl Georg v. Waechter wurde am 24. Dezember 1797 in Marbach in Schwaben geboren und starb am 15. Januar 1880 in Leipzig. Diese beiden Daten, die Waechters Leben umgrenzen, lassen deutlich erkennen, daß seiner stets gleichgerichteten geistigen Entwicklung die einheitliche Epoche in

---

[14]) Vgl. Windscheid's Nachruf, S. 79: juris consultorum Germaniae juris consultissimus.

[1]) Vgl. Landsberg, Geschichte der Rechtswissenschaft III, 2, S. 386 und Anm.; Biographie von Oskar v. Waechter; Nachruf von Windscheid, 1880.

der Strafrechtswissenschaft entsprach: In seinen Kinderjahren stellte Feuerbach die bisherigen liberalen Forderungen eines Kant und Humboldt für das Gebiet des Strafrechts auf den Boden der Wirklichkeit und ermöglichte so ein positives von liberalen Ideen beherrschtes Strafrecht. In seinen letzten Lebensjahren begann der Aufstieg Franz v. Liszts, dessen Wirken für die sog. soziologische Richtung des Strafrechts eine neue Zeit anbahnte. Zwischen Feuerbach und Liszt, in der revolutionslosen Zeit des Ausbaues ererbter Grundanschauungen hat Waechter in ruhiger, rastloser Tätigkeit für die Vertiefung des Strafrechts im Sinne der liberalen Staatsauffassung gearbeitet.

Ein Liberaler war Waechter nicht nur nach seinen Anschauungen auf dem engen Fachgebiet des Strafrechts, sondern auch als aktiver Politiker. Im Jahre 1839 in die Württembergische Kammer gekommen, trat er, ein Feind aller gewaltsamen Umstürze, noch zu Beginn des Jahres 1848 für den „entschiedenen Fortschritt und Freimut, verbunden mit Festhaltung wahrer Loyalität", ein[2]), und im Herbst desselben Jahres kämpfte er gegen das Maßlose, das der Untergang der wahren Freiheit sei, und forderte zugleich unentgeltliche Aufhebung des Jagdrechts auf fremdem Boden und als Gegner „einer übergreifenden und alles fesselnden, das Recht nicht achtenden Polizey"[3]) die Entziehung des Strafrechts der Polizei. Waechter hat sich über seine Stellung zu den Grundfragen des Liberalismus, soweit bekannt geworden, niemals ausführlich geäußert, so daß es uns kaum möglich ist, die Frage zu beantworten, wie er in ein näheres Verhältnis zum politischen Liberalismus gekommen ist. Jedenfalls sah er im Liberalismus nur soweit eine unterstützungswürdige politische Richtung als durch ihn Freiheit und Fortschritt nie ohne Achtung des Rechts gefördert werden sollte. Die Gerechtigkeit aber schien ihm unter dem Absolutismus, in wel-

---

[2]) Vgl. Kammerrede, mitgeteilt von O. v. Waechter, S. 67.

[3]) Kammerrede bei O. v. Waechter, S. 79.

cher Form er auch auftrete, zu leiden[4]), und deshalb war er Liberaler — denn der Gegensatz zu jeder Erscheinungsform des Absolutismus ist der liberale Staat. Wie wenig Waechter sich auf bestimmte politische Forderungen und Ziele einer liberalen Partei festgelegt hatte, beweist seine Stellung im konstituierenden norddeutschen Reichstag 1867, wo er keiner Fraktion angehörte, aber entschieden für die liberalen Forderungen eintrat. Und er stimmte gegen die Reichsverfassung, weil ihm das konstitutionelle Prinzip nicht genügend gewahrt zu sein schien[5]): die Reichsverfassung kannte keine juristische Ministerverantwortlichkeit und keine Diäten für Abgeordnete; das Parlament, dessen Stärkung er wünschte — eine Forderung, die im Wesen des Liberalismus begründet ist[6]) —, war in seiner Wirksamkeit beschränkt durch die langjährigen Militärbewilligungen und durch die Waechter zu geringe Bundeskompetenz in der Gesetzgebung. — Nach der Begründung des Deutschen Reiches hat Waechter in den Parlamenten des Reichs oder eines Bundesstaates nicht mehr mitgewirkt.

Waechters Stellung im Kampf der Parteien um die Gestaltung Deutschlands war danach keine besonders hervorragende. Er war gemäßigter Liberaler, aber der liberalen Parteipolitik hat er zumeist ferngestanden. Dagegen war er

---

[4]) Vgl. seine Rede gegen ein Auftreten gegen Preußen 1849 bei O. v. Waechter, S. 98.

[5]) Landsberg a. a. O., III, 2. Anm., S. 386, gibt für den Liberalismus Waechters auch nur die vorsichtige Begründung, es scheine, als sei er „namentlich" einer juristischen Überzeugung gefolgt.

[6]) Vgl. Carl Schmitt, Politische Theologie, S. 52 ff. und die geistesgeschichtliche Lage des heutigen Parlamentarismus, S. 23 ff.; hier S. 25 ff. findet sich auch der Hinweis, daß der Kampf des Liberalismus gegen die bei Macchiavelli literargeschichtlich beginnende Theorie von der Staatsraison nur ein Beispiel sei für den alten Kampf von Macht und Recht, z. B. bei der liberalen Forderung der Öffentlichkeit des politischen Lebens. So scheint es auch bei Waechter gewesen zu sein: er war Liberaler, weil er glaubte, damit für das Recht gegen brutale Macht zu kämpfen.

ein Führer in der deutschen Rechtswissenschaft und ist auf dem Gebiete des Strafrechts von den liberalen Anschauungen seiner Zeit ausgegangen, von denen aus er sein System des Strafrechts im allgemeinen folgerichtig aufbaute. Eine Betrachtung des strafrechtlichen Systems Waechters mit Rücksicht auf seine politischen und philosophischen Voraussetzungen hat indes eine besondere Schwierigkeit: es ist trotz der zahlreichen Schriften Waechters nur wenig Material vorhanden. Waechter war ausgesprochener Positivist; bei allen wissenschaftlichen Erörterungen fand er seinen Ausgangspunkt in den positiven Gesetzen der Gegenwart oder der Vergangenheit (Landsberg a. a. O., S. 386 ff.). Die Hauptaufgabe erschien ihm stets die Erläuterung und Systematisierung des geltenden Strafrechts, hinter der die Beschäftigung mit den Theorien des Strafrechts weit zurücktrat. Zudem ist die historische Rechtsschule auf ihn nicht ohne Einfluß geblieben. Seine ersten Werke handeln in der Hauptsache von der geschichtlichen Entwicklung der Rechtsinstitute. Waechter hat auch nicht, wie Feuerbach oder später Franz von Liszt, dem Strafrecht neue Ziele und Aufgaben innerhalb des sozialen Lebens zugewiesen. Gewiß vertrat auch er eine Strafrechtstheorie, die an Gedankengänge C. Th. Welckers anknüpfte, wie wir sogleich sehen werden. Aber seine Strafrechtstheorie diente ihm nur als Maßstab für die Kritik des positiven Rechts, nicht zur Grundlage eines Systems. Wir müssen daher, um den liberalen Ideengehalt der Schriften Waechters zu erfassen, uns im gleichen Maße an die Darstellung der einzelnen Grundbegriffe in ihnen halten, wie an die seiner eigenen und der fremden Theorien, und werden bei der ausschlaggebenden Bedeutung des positiven Rechts für die Arbeiten Waechters zugleich einen Einblick gewinnen in das heute geltende Strafrecht, wie weit es von liberalen Gedanken beeinflußt ist.

In seiner Strafrechtstheorie war Waechter, wie bereits angedeutet, beeinflußt von Welcker. Die Lehren dieses Mannes, der nach seinen geistigen Fähigkeiten wohl kaum den großen Einfluß verdiente, den er tatsächlich gehabt hat[7]), bedürfen einer kurzen Betrachtung, soweit es für den Zusammenhang mit den strafrechtlichen Ideen Waechters wesentlich ist. Welcker hat sich außerhalb des mit Rotteck herausgegebenen Staatslexikons über Staat und Strafrecht ausführlich in seinem Buche „Die letzten Gründe von Staat, Recht und Strafe“, Gießen 1813, geäußert. Dort setzt er uns sein Ideal des Rechtsstaates auseinander, dessen Endzweck die möglichste Erreichung der Tugend und Humanität, und durch sie der Glückseligkeit aller sei. Wesentlich für die Erreichung dieses Endzwecks ist Welcker das Dasein fester Gesetze, denn die Bürger wollen nicht nach richterlicher Willkür gerichtet werden, sondern „durch das auf Einwilligung beruhende Recht“[8])! Tatbestände wie Strafen müssen vor Begehung der Tat verkündet worden sein, da ein Zwang nur gegen erwiesen unrechtliche Freiheit rechtlich möglich ist (Letzte Gründe, S. 186). Durch das Verbrechen wird nach Welcker vor allem ein intellektueller Schaden angerichtet, denn es beweist (S. 252 ff.) 1. beim Verbrecher einen durch seine Schuld bestehenden Mangel des rechtlichen Willens der Achtung fremder Würde und ein Übermaß sinnlicher Triebe; 2. gegenüber den Bürgern Mangel der Achtung vorm Verbrecher und vorm Recht! Und 3. beim Verletzten eine Ehrverletzung, wodurch die Achtung des Verletzten vorm Recht getötet wird. Schuldhaft verursacht ist das objektiv unrechtliche Geschehnis, wenn es das Resultat einer

---

[7]) In der Geschichte von Klein-Hattingen kommt er auch zu gut weg in der Beurteilung. An solchen Liberalen mußte Klein-Hattingen freilich seine Freude haben! Über seine Strafrechtstheorie vergleiche die klare Besprechung von Binding, Grundriß, S. 212. — Welcker war, wie auch seine Strafrechtstheorie ergibt, von der Romantik beeinflußt, er ist ein Beispiel für den Zusammenhang zwischen Liberalismus und Romantik (C. Schmitt a. a. O.).

[8]) Bei dieser Stelle zeigt sich der Zusammenhang des Liberalismus mit dem Naturrecht deutlich. Wie aus der naturrechtlichen Lehre vom Staatsvertrage „als unvermeidlicher Grundzug“ (Gierke, Althusius, S. 105) die Herleitung der Gemeinschaft aus dem Individuum gefolgert wurde, so hat Welcker, wenn er auch im Anschluß an Kant (vgl. dessen Schrift

dem Täter zurechenbaren rechtswidrigen Willensbestimmung ist. Die Größe der Schuld kann nur nach subjektivem Maßstab gemessen werden (a. a. O., S. 267), weil die Größe des unrechtlichen Willens entscheidet, wofür die Größe der äußeren Tat nur der Erkenntnisgrund ist. Die Zurechenbarkeit — heute Zurechnungsfähigkeit = Voraussetzung für die Zurechenbarkeit der konkreten Tat — muß der Richter aus allgemeinen erkennbaren Bedingungen der menschlichen und rechtlichen (!) Natur erkennen, nicht aus individuellen Verhältnissen. Für sie gibt es nur einen objektiven Maßstab (a. a. O., S. 272), weil die Wirkung auf andere in Betracht kommt und entscheidend ist auch der Schade für den Staat und dessen Interesse, daß gerade ein bestimmtes Recht nicht verletzt werde!

Auf das Verbrechen folgt die Strafe, deren Zweck die Wiederherstellung der verletzten Rechtsordnung ist. Sie bewirkt kräftige Entwicklung der Sittlichkeit und muß dem Geiste des Verbrechens, nicht des Verbrechers entsprechen (a. a. O., S. 263). Sie wird verhängt nach Maßgabe der betreffenden Rechtsverletzung und der allgemeinen Bedingungen der menschlichen Natur, nie nach Individualitäten. Überhaupt wird nicht der Mensch, sondern seine böse Tat bestraft. Nie fällt der Mensch als Mittel für fremden Zweck, sondern der Zweck der Strafe ist die Besserung des Verbrechers und die Wiederherstellung der rechtlichen Willensbestimmung des Verletzten, endlich auch die Reinigung des Staates (a. a. O., S. 265) — also doch ein fremder Zweck! Um diese Zwecke zu erreichen, ist auch die Todesstrafe als letztes Mittel beizubehalten, „denn wo das Leben das Höchste ist, hat es selbst keinen Wert mehr" (a. a. O., S. 274).

Bei dieser Auffassung Welckers über Verbrechen, Schuld und Strafe läßt sich bereits zeigen, wie durch die liberale Grundströmung, welche diese Begriffe durchzieht,

---

Zum ewigen Frieden, S. 12 ff. — anders noch Humboldt, Ideen zu einem Versuch usw., S. 160) dem Staatsvertrage als Idee der Vernunft keine historische Realität zuerkannte, doch den Rechtsgrund des Rechts in der Zustimmung aller Bürger erblickt.

hier und da einzelne Konzessionen an eine Staatsauffassung durchschimmern, die dem Staat als einem historischen Gebilde wesentlich höhere Bedeutung beimißt als der vom Naturrecht herkommende rationalisierende Liberalismus. Welcker steht in seiner Auffassung vom Verbrechen noch im wesentlichen im Einklang mit Humboldt, der (Ideen, S. 159ff). im Verbrechen die Nichtachtung fremden Rechtes sieht. Für dieses allein darf der Staat Strafe verhängen, da sein Endzweck bei Humboldt nur die Sicherheit der Bürger ist, und nur weil die Rechte des Staates der Sicherheit der Bürger dienen, darf der Staat auch die Verletzung eigener Rechte ahnden. Auch das Wesen der Schuld sehen Humboldt und Welcker gleichartig darin, daß die dem Verbrecher zurechenbare Willensbestimmung die Absicht der Verletzung fremder Rechte erkennen läßt. Dagegen geht Welcker weit über Humboldt hinaus, wenn er den objektiven Maßstab für die Frage der Zurechenbarkeit (Zurechungsfähigkeit) auch davon abhängig macht, daß der Schade für den Staat und dessen selbständiges Interesse an der Unverletztheit bestimmter Rechte entscheidend sein kann, ein Standpunkt, der heute für jeden liberalen Strafrechtler aber auch für den anders gerichteten unmöglich erscheint, denn wenn irgend etwas, dann muß die Zurechnungsfähigkeit aus dem Wesen des Verbrechers allein abgeleitet werden.

Wesentlich verschieden ist Welcker von Humboldt in der Bestimmung des Strafzwecks. Zweck der Strafe ist nach Humboldt (a. a. O., S. 155 ff.) die Abschreckung. Weil der Staat nur die Sicherheit der einzelnen zum Zweck hat, muß er sich darauf beschränken, durch die Strafe den Verletzer fremder Rechte von seinem Tun abzuschrecken, was am besten dadurch erreicht wird, daß, wer fremdes Recht angreift, in gleichem Maße in der Ausübung seines Rechtes gehindert wird. Im Gegensatz zu Feuerbach wird nach Humboldt also der Zweck der Abschreckung durch den Strafvollzug erreicht. Durch die Strafe aber auf den Charakter des Verbrechers einzuwirken, ist dem Staate nicht mehr erlaubt: „auch dem Verbrecher darf die Belehrung nicht aufgedrungen werden" (Ideen, S. 171). Staatliche Einwirkung auf die Bürger zur Verhütung künftiger Verbrechen lehnt Humboldt ab: „ich glaube behaupten zu dürfen, daß ein solches Zuvorkommen gänzlich außerhalb der Schranken der Wirksamkeit des Staates liegt" (Ideen, S. 172). Wenn aber ein Verbrechen begangen ist, dann muß die angedrohte Strafe unbedingt folgen. Jedes Begnadigungs- oder auch nur Milderungsrecht des Landesherrn ist zu bekämpfen — wir werden auf diese letzte Konsequenz des Liberalismus noch zurückkommen.

Welcker entfernt sich hier von Humboldt erheblich. Auch er will die Strafe verhängen entsprechend der Tat, nicht nach Individualitäten, spricht aber dann wieder von der Einwirkung auf die Sittlichkeit des Verbrechers. Ja, er sieht ihren Zweck geradezu in der Besserung des Menschen und der Reinigung des Staates! Es wird damit der staatlichen Strafe auch der Wert eines Erziehungsmittels zuerkannt und eine erste Abkehr von dem Gedanken des „Notstaats" vollzogen. Es sollte aber bei diesem Anfang bleiben; aus Welckers Schule kam Waechter, dessen starker „Wirklichkeitssinn" (Landsberg) zwar die Theorie stark zugunsten der Behandlung des positiven Rechts zurückdrängte, aber anderseits nicht verhinderte, daß er in seiner Staatsauffassung die Konzessionen, die Welcker dem Staat in seiner Wirksamkeit gemacht hatte, aus doktrinären Gründen nicht anerkannte. Über Waechters strafrechtstheoretische Anschauungen ist ein genaueres Bild nur aus seinen Vorlesungen über deutsches Strafrecht zu erhalten, die er in Leipzig gehalten hat und die erst nach seinem Tode im Druck erschienen sind (herausgegeben von O. v. Waechter). Hier behandelt er im Zusammenhang die verschiedenen Theorien und setzt uns im Anschluß an die Kritik der Theorie Welckers auch seine eigene auseinander. Dabei kommt er zu folgendem Resultat: Die relativen Theorien, die den Grund der Strafe nicht in dem begangenen Verbrechen, sondern in einem für den Staat zu erreichenden Zwecke sehen, sind zu verwerfen. Denn entweder hat nach ihnen die Strafe nur den Zweck, künftigen Verbrechen vorzubeugen (Sicherungstheorien, S. 10 ff. der Vorlesungen). Dieser Zweck ist verfehlt, denn die Vorbeugung darf nicht geschehen auf Kosten des Rechts; in diesem Fall würde nur an Stelle des Verbrechens ein zweites Unrecht, die „unrechtliche Strafe" gesetzt werden. Unter diese Kategorie fällt nach Waechter die Abschreckungstheorie, die nicht wegen der Schuld des Verbrechers straft, sondern den Verbrecher benutzt als Mittel für die Abschreckung anderer und weiter die Präventivtheorie, nach der gestraft werden soll, um künftige Verbrechen zu verhüten, nicht wegen der erwiesenen Schuld. Oder die Strafe bezweckt die Besserung des Täters. Woher aber nimmt der Staat das Recht zur Besserung seiner Bürger? Der Staat darf nicht den Menschen und seine Gesinnung richten! Einem menschlichen Richter ist man nur verantwortlich „für das, was man tut, nicht für das, was man ist"! (Vorlesung, S. 15.)

Aber auch die absoluten Theorien, wonach die Aufgabe der Strafe lediglich in der Vergeltung besteht, befriedigen Waechter nicht, denn eine „vernünftige" Strafe kann nicht von jedem Zwecke absehen. Eine Vergeltung kann nur „vernünftig und rechtlich" sein, wenn sie höheren Zwecken dient. Welchen Zwecken? Auf die richtige Bahn führt nach Waechters Ansicht die Theorie Welckers (S. 19 ff. der Vorlesungen).

Waechter sieht das Verdienst Welckers darin, daß er das Problem richtig erkannt hat, indem er für die gerechte Strafe zwei Forderungen aufstellt: Sie hat einem vernünftigen Zweck für die Rechtsordnung zu dienen, darf aber den Verbrecher nur soweit treffen, als dessen Schuld geht. Ausdrücklich billigt Waechter den Gedanken Welckers, daß die Strafe den durch das Verbrechen entstandenen Schaden für die Rechtsordnung wieder gutzumachen habe. Aber Welcker geht ihm in seiner Wiederherstellungstheorie zu weit. Zu dem intellektuellen Schaden für die Rechtsordnung zählt er nach Waechters Auffassung manches, was keine Folge jedes einzelnen Verbrechens ist und nicht durch die Schuld des

Verbrechers hervorgerufen wird. Durch solche Momente dürfte daher auch die Strafe nicht bestimmt werden. Weiter lehnt Waechter den Zweck einer moralischen Besserung des Verbrechers für die Strafe ab. Immerhin aber glaubt er, vom Boden der Theorie Welckers aus zu dem richtigen Prinzip kommen zu können. —

Waechters Begründung des Strafrechts geht von einer Untersuchung der Natur des Rechtsgesetzes aus (Vorlesungen, S. 20 ff.). Das Rechtsgesetz wendet sich an den Willen der Menschen und fordert dessen Unterwerfung. Ein gegen das Rechtsgesetz gerichteter Wille ist ein Unrecht. Da aber das Rechtsgesetz nur über das „objektive Dasein" herrscht, so besteht für das Rechtsgesetz ein Unrecht erst bei Verwirklichung des rechtswidrigen Willens, ein Unrecht aber, zu dessen Bekämpfung der zivilrechtliche Zwang nicht ausreicht, muß durch Strafe „aufgehoben" werden (S. 17 der Vorlesungen)[9]; ein solches Unrecht ist ein „Verbrechen". Das Verbrechen ist meistens ein Eingriff in ein fremdes individuelles Recht, oft aber auch ein Angriff auf die Rechtsordnung, und selbst, wo es ein individuelles Recht verletzt, steht diese Verletzung zugleich in Beziehung zur staatlichen Rechtsordnung, weshalb die Strafe meistens eine öffentliche Strafe ist. In einigen Fällen aber hat die rein private Strafe auch ihre Berechtigung[10]). Die Strafe hat ihren Zweck in der notwendigen Bekämpfung und Aufhebung des widerrechtlichen Willens[11]) und der Genugtuung für das verletzte Recht (S. 18 und 22 der Vorlesungen): Sie wird verhängt quia peccatum est. Ihre Verhängung durch den Staat ist ge-

---

[9]) Hier macht sich der Einfluß Hegels auf Waechter bemerkbar. Aber Waechter sieht mit Recht in der dialektischen Formel, das Verbrechen müsse als Negation des Rechts wieder negiert werden, noch keine Erklärung für das Wesen der Strafe als Widervergeltung.

[10]) Vgl. auch Waechters Erläuterungen über das Württ. Ges. über privatrechtliche Folgen der Verbrechen und Strafen 1840, S. 42 f.: Privatstrafe ist oft ebenso wirksam und empfindlich und der öffentlichen Strafe vorzuziehen!

[11]) Vgl. Lehrbuch des römisch-deutschen Strafrechts 1825, S. 52: allein richtige Beziehung der Strafe auf den widerrechtlichen Willen.

rechtfertigt, denn der Staat kann von seinen Untertanen einen rechtlichen Willen verlangen, hat aber nicht das Recht, „bei Gelegenheit des Verbrechens den Menschen überhaupt und seine Gesinnung und Moralität zu richten und ihn wie ein der Erziehungszucht unterworfenes Kind zu behandeln“ (Vorlesungen, S. 15). Jeder Besserungsversuch durch Strafe ist abzulehnen. Die Strafe soll auch nicht auf die individuelle Veranlagung des Verbrechers Rücksicht nehmen, sondern nur auf die konkrete Tat und in der Art, wie auf die Durchschnittsmenschen der bürgerlichen Gesellschaft ein Strafübel wirken wird. Sie muß daher auch dann verhängt werden, wenn sie dem Verbrecher in einem konkreten Fall gar nicht als Strafe erscheint. Eine Forderung des Rechts aber ist es, daß die Strafen nicht der Humanität widersprechen und den Verbrecher moralisch und politisch verderben und ihm das spätere Fortkommen in der bürgerlichen Gesellschaft unmöglich machen! (Vorlesungen, S. 91 ff.)

Die Lehre Waechters vom Verbrechen ist der Ausgangspunkt für ein System des Strafrechts im objektiven Sinne, d. h. „für den Inbegriff derjenigen staatlichen Regeln, durch die an das Verbrechen als Tatbestand die Strafe als Rechtsfolge geknüpft wird“[12]). Ein anderer liberaler Dogmatiker des Strafrechts, Binding[13]), hat das Strafrecht im subjektiven Sinne, das jus puniendi des Staates, zum Angelpunkt der Lehre vom Verbrechen gemacht. Für die Frage nach den liberalen Grundanschauungen Waechters ist diese Verschiedenheit in der Methode bedeutungslos. Sie kann nicht einmal als Symptom für die Einstellung des Verfassers eines strafrechtlichen Systems zu Staat und Recht gewertet werden, denn Binding war, trotzdem der staatliche Strafanspruch das das Rückgrat seiner Lehre bildete, durchaus ein liberaler Kriminalist (vgl. darüber noch weiter unten, S. 29 ff.). Überhaupt läßt sich aus dem Verbrechensbegriff Waechters für

---

[12]) v. Liszt, Lehrbuch, S. 1.

[13]) Daß Binding politisch Waechter und dem Liberalismus nahe stand, läßt sich aus dem Vorwort und dem 1. Kapitel seines Buches zum Werden und Leben der Staaten erkennen.

unseren Zweck nicht viel herausholen. Er enthält die drei Merkmale der Tatbestandsmäßigkeit, der Rechtswidrigkeit und der Schuld, wie sie heute allgemein gefordert werden, wenn ein Verbrechen vorliegt[14]) und auch im vorigen Jahrhundert längst anerkannt waren. Für eine Bestrafung genügt der widerrechtliche Wille nicht, denn cogitationis poenam nemo patitur — ein allseitig gebilligter Grundgedanke des Strafrechts, der die Einordnung in eine bestimmte Staatsauffassung nicht verträgt[15]). Durch welche Eigenschaften Handlungen strafwürdig sind — diese Frage nach dem materiellen Verbrechensbegriff beantwortet Waechter nicht, sondern begnügt sich mit der Bemerkung, daß nach jeder Theorie ein anderer Standpunkt möglich ist (S. 118 der Vorlesungen). Er selber hält die Handlungen für Verbrechen im formellen Sinne, für deren Bekämpfung ein zivilrechtlicher Zwang keine ausreichende Sühne ist. Welche Handlungen das materiell sind, darüber schweigt er und verweist auf das positive Recht.

Waechter geht damit wie später Merkel und Binding von einem einheitlichen Unrechtsbegriff aus. Es mag diese im Gegensatz zu Hegel[16]) stehende Auffassung durch den Liberalismus immerhin begünstigt sein, nach dem alles Unrecht letztlich in der Verletzung der fremden individuellen Rechtssphäre besteht, also ein stets gleiches Angriffsobjekt besitzt. Die Art des Angriffs hat dabei eine untergeordnete Bedeutung, während sie bei Hegel — unbewußte oder bewußte Begehung eines Unrechts — den einheitlichen Unrechtsbegriff unmöglich macht. Aber zwingend ist diese Ableitung nicht; Binding[17]) z. B. hat den nur formal einheitlichen Unrechtsbegriff aus formal gleichen, innerlich wesensverschie-

---

[14]) v. Liszt, ebenda, § 26 mit weiterer Literatur.

[15]) Durch den neuesten italienischen Entwurf kommt er freilich bei konsequentem Durchdenken ins Wanken.

[16]) Grundlinien der Philosophie des Rechts, § 82 ff., vgl. auch Liepmann, Einleitung ins Strafrecht, S. 12 ff.

[17]) Normen I, S. 252 ff., mit weiterer Literatur und Hinweis insbesondere auf Merkel.

denen Angriffsobjekten hergeleitet und gehört doch in die Reihe der liberalen Kriminalisten.

Ein deutlicheres Zeichen für Waechters Liberalismus ist seine Auffassung von der Strafe. Das rechtsphilosophische Problem der Strafe wird von dem kriminalpolitischen Problem der Strafvollstreckung nicht getrennt, was freilich bei einer streng liberalen Staatsauffassung kaum anders sein kann, denn der Liberalismus, konsequenz zu Ende gedacht, führt zur Verneinung jeder Kriminalpolitik. Wenn es nun einmal notwendig ist, für das soziale Leben die einzelnen freien Willen durch die Rechtsordnung zu beschränken, so ist die Verhängung der Strafe gerechtfertigt dadurch, daß ein rechtswidriger Wille in Erscheinung getreten ist, demgegenüber auf anderem Wege als durch Strafe die Rechtsordnung nicht wieder hergestellt werden kann. In dieser Rechtfertigung der Strafe durch die staatliche Pflicht der Aufrechterhaltung der Ordnung liegt für den Liberalen zugleich auch ihr Zweck: die Bekämpfung des rechtswidrigen Willens, die Bewährung der Rechtsordnung. Denn weiter als zu einer Reaktion gegen den widerrechtlichen Willen darf der Staat nicht gehen; er muß die Rechtsordnung schützen durch Strafe für Rechtsbrüche, aber er darf den Täter in seiner Eigenart nicht beeinflussen. Der Liberalismus vermag nur eine Rechtfertigung für die Verhängung der Strafe durch den Staat zu geben: quia peccatum est. Mit ihr auch ein Zweck zu verfolgen, dazu hat der Staat, so wie ihn der Liberalismus will, zu wenig Bedeutung für das Leben der Untertanen. Denn daß in der Vergeltung nicht der Zweck der Strafe, sondern nur ihr Wesen liegt, darüber wird noch zu sprechen sein.

Waechter hat, wenn er die Rechtfertigung und den Zweck der Strafe[18]) in dem Schutz der Rechtsordnung sah, den liberalen Standpunkt konsequenter vertreten als Welcker und

---

[18]) Sauer hat in seinen Grundlagen des Strafrechts es für unklare Problemstellung erklärt, neben dem Zweck der Strafe noch nach dem Rechtfertigungsgrunde zu fragen. Ihm ist mit dem berechtigten Zweck auch die Rechtfertigung der Strafe gegeben. Das läuft auf den Satz hinaus: der Zweck heiligt die Mittel.

Humboldt. Humboldts Theorie der Abschreckung „mißbraucht“ den Verbrecher (Vorles. S. 10 ff.) als Mittel zur Abschreckung anderer und straft ihn nicht wegen seiner schuldhaften Tat, wozu der Staat doch allein berechtigt ist. Und ebenso ist Feuerbachs Theorie des psychologischen Zwanges abzulehnen als „unhaltbar nach der politischen Seite“, weil Feuerbach den Fehler begeht, das menschliche Handeln als bloß durch sinnliche Reize bestimmt zu betrachten, während der Mensch doch vermöge der Freiheit des Willens sich notwendig nicht von der Androhung von Strafübeln beeinflussen zu lassen braucht. Vor allem wird auch bei Feuerbach die Höhe der Strafe von Momenten bestimmt, die außerhalb der Schuld des Verbrechers liegen: nach der Stärke der möglicherweise zum Verbrechen treibenden Reize. Waechter ist in den liberalen Ideen derartig festgelegt, daß er immer nur zwei Dinge im Auge hat: das freie Individuum und die zu dessen Schutze bestehende staatliche Ordnung. Da die Rechtsordnung aber selbst nur Mittel sein soll für das Individuum, so dürfen die von ihr zu ihrer Aufrechterhaltung verwandten Mittel niemals einen selbständigen außer ihnen liegenden Zweck verfolgen, der gegen das Individuum durchzusetzen wäre. Man kann die Strafe rechtfertigen, aber darin liegt auch bereits ihre Zweckbestimmung eingeschlossen, d. h. die Strafe hat keinen Zweck. Und selbst, wo man ihr einen Zweck gesetzt hat, wie etwa Humboldt oder Feuerbach es getan haben, den der Abschreckung, der Generalprävention, hat man den Standpunkt des Liberalismus noch nicht völlig preisgegeben. Denn die Generalpräventionstheorien fordern, daß die Strafe um die Erhaltung der Rechtsordnung willen die Menschen abschrecke vom Verbrechen, sagen aber nicht, wie die Strafe vollstreckt werden soll. Sie sind mit den reinen Vergeltungstheorien, wonach die Strafe nur Reaktion für ein Verbrechen ist, im Innersten verwandt durch das Fehlen eines für die Strafvollstreckung erheblichen Zweckes[19]). So-

[19]) Richard Schmidt, Aufgabe der Strafrechtspflege, neigt dazu, Generalprävention und Vergeltung gleichzusetzen; v. Liszt Lehrbuch,

weit liberale Denker der Strafe einen nicht nur immamenten Zweck gesetzt haben, wie Welcker, haben sie sich allerdings vom strengen Liberalismus entfernt, um einer Überzeugung zu folgen, die Rudolf Haym in seinem Bericht über die deutsche Nationalversammlung für den Liberalismus in Anspruch nimmt, wenn er behauptet (S. 55): Unsere politische Erwägung ist entsprungen aus der teilnehmenden Erwägung des konkreten Lebens, nicht nach Idealen konstruiert, sondern die Menschenwelt lassen wir einrichten nach dem Maße, das ihr durch die Natur eingewachsen, durch die Geschichte anerzogen ist.

Von einer solchen Überzeugung waren aber die meisten Liberalen aus der Mitte des vorigen Jahrhunderts weit entfernt. So wie Schaffrath in der Paulskirche ausdrücklich (stenograph. Bericht S. 1385) die historische Theorie zugunsten der rationalen, rein rechtlichen, idealen Theorie der Staatsentstehung verwarf, so war auch Waechter von der ihm als rein *rechtlich* erscheinenden, in Wirklichkeit liberalen Staatsauffassung dermaßen eingenommen, daß er auf jede Zwecksetzung für die Strafe tatsächlich verzichtete und sich damit begnügte, festzustellen, daß jeder Strafe der Charakter der Vergeltung, Besserung, Abschreckung, Prävention *immanent* sei (Sächsisches Strafrecht 1857, S. 63 ff.). Eben dieses Immanentsein ist aber das Kennzeichen für das Fehlen jeden Zweckes, denn „der Zweck liegt außerhalb der Einrichtung, durch welche er realisiert werden soll; er liegt jenseits der begrifflichen Grenzen des Mittels, durch welchen er erreicht werden soll“ (Laband, Archiv für öffentliches Recht, Bd. 2, 317). Waechters „starker Wirklichkeitssinn“ hat also nicht gehindert, daß er in den Fragen der Theorie durchaus befangen war in den Gedankengängen eines starren Liberalismus. Er zeigte sich aber in einer anderen Richtung.

Der Liberalismus ist ja nicht nur eine Staatstheorie, er war, wie wir andeuteten, seit der französischen Revolution

---

S. 89, sieht in der Generalprävention eine Abschwächung des Vergeltungsprinzips.

das die Staatstätigkeit beherrschende Prinzip geworden. Die gesetzlichen Maßnahmen für die Organisation und den Umfang der Staatstätigkeit erfolgten nach liberalen Gesichtspunkten. Davon machte die Strafgesetzgebung keine Ausnahme. Und wenn Waechter bis zuletzt liberale Grundanschauungen im Strafrecht vertrat, so befand er sich darin durchaus im Einklang mit den positiven Gesetzen, deren Darstellung er das größte Interesse entgegenbrachte. Was Waechter an Theorie brachte, war wenig, und in seinem Wesen das Produkt einer liberalen Einstellung zum Staate. Aber es war um so bedeutungsvoller, als es ein im ganzen getreues Abbild der tatsächlich herrschenden Zustände auf dem Gebiete der Strafgesetzgebung war. Das Strafgesetzbuch, unter dem wir heute leben, und dessen wissenschaftlicher Bearbeitung Waechters letztes Werk galt, ist beherrscht von den liberalen Gedanken, die Waechter vertrat. Es ist in der Tat ein Zeichen von starkem Wirklichkeitssinn, wenn es Waechter gelang, seine wissenschaftliche Darstellung des geltenden Strafrechts unter Verzicht auf jede Abschweifung in das Gebiet kriminalistischer Forderungen so ganz in das gleiche geistige Gewand zu hüllen, in dem das positive Recht des Strafgesetzbuchs von 1871 nun einmal steckt.

Uns mutet das Werk Waechters heute archaisch an. Das liegt daran, daß wir den liberalen Standpunkt, wie er zu Waechters Lebzeiten das öffentliche Leben beherrschte, weit hinter uns gelassen haben und an die allgemeinen Lehren des Strafrechts mit einer ganz anderen Anschauung von Staat und Recht herangehen als Waechter und seine Zeitgenossen. Das Strafgesetzbuch aber, unter dem wir heute leben, wird uns in seinem geistigen Gehalt viel unmittelbarer durch die Vorlesung Waechters dargestellt als durch die heutigen Systeme[20]). Waechter fand seine Grundanschauung im posi-

[20]) Vielleicht mit alleiniger Ausnahme des Handbuchs und des Grundrisses von Binding, der sich in seinen Systemen auch in erster Linie vom positiven Gesetz und seinen Tendenzen leiten läßt, wie denn überhaupt zwischen Binding und Waechter mehrfache Berührungspunkte bestehen, die auf die gemeinsame liberale Staatsauffassung zurückgehen.

tiven Strafrecht verwirklicht, und sein Bestreben, das positive Recht wahrheitsgetreu darzustellen, wurde von innerer Zuneigung für das Bestehende unterstützt. Bei den heutigen Systemen tritt die Kritik am positiven Recht und das Aufstellen neuer Grundsätze in den Vordergrund. Das bedingt nicht notwendig eine schiefe Wiedergabe der Grundsätze des geltenden Rechts. Aber die Gefahr liegt nahe, daß bei einer Wertung vom grundsätzlichen verschiedenen Standpunkt aus doch die Herausarbeitung der Prinzipien des geltenden Rechts kein wahrheitsgetreues Bild mehr ergibt, weil nicht das geltende Recht, sondern seine Kritik und die neu erhobenen Forderungen das Wesentliche sind, das der systematischen Arbeit bedarf, und infolgedessen das positive Recht entweder in zu schroffem Gegensatz zum neuen gestellt wird, um die Bedeutung der neuen Anschauung besser vor Augen zu führen, oder aber in die positiven Gesetzesbestimmungen eine Tendenz hineingelegt wird, die ihnen nicht zukommen sollte[21]), weil man glaubte, die alten Formen auch für den neuen Inhalt nutzbar machen zu können; insofern ist es für die Erkenntnis unseres geltenden Strafgesetzbuches nicht ohne Vorzüge ein System heranzuziehen, das aus derselben geistigen Grundstimmung heranwuchs, wie unser Strafgesetzbuch und bei aller Hervorhebung der verschiedenen theoretischen Streitfragen doch als vornehmstes Ziel die genaue Wiedergabe des positiven Rechts im Auge hatte[22]).

Unser geltendes Strafrecht steht auf liberalen Grund-

---

[21]) Über die Berechtigung für den Juristen dazu soll hier nicht gestritten werden. Für eine rechts h i s t o r i s c h e Betrachtung kommt die Tendenz des Verfassers des Gesetzbuchs in Frage, und die oft noch interessantere Frage nach der Umformung des Gesetzes nach seinem Inkrafttreten ist davon zu trennen.

[22]) Daß die neueren Strafrechtssysteme die „Erscheinungen des wirklichen Rechtslebens" nicht genügend erklären und Theorien angeben nicht der wirklichen, sondern einer „imaginären Strafe" ist Binding, Grundr. 203 ff. zuzugeben und leider auch Bindings Folgerung anzuerkennen, daß die relativen Theorien „das gerade Gegenteil einer wissenschaftlichen Erklärung der Geschichte des geltenden Rechts und seiner Institute darstellt" (Binding das.).

anschauungen: wer dies oder jenes tut, wird so oder so bestraft — weil er ein Delikt begangen hat. Die Strafe soll nach geltendem Recht den Schuldigen treffen und im richtigen Verhältnis zur Tat stehen, aber für sie gibt das Strafgesetzbuch keinen Zweck an, der jenseits der Exekutionen läge (Binding, Grundriß, S. 235). Der Zweck der Strafvollstreckung ist die „Unterwerfung des Verbrechers unter die sieghafte Gewalt des Rechts" und nicht etwa deren „Reflexwirkung, kraft deren sich durch die regelmäßige Bestrafung der Verbrecher die allgemeine Auffassung von der Heiligkeit und Unverletzlichkeit der durch den Verbrecher mißachteten Rechtssätze steigert" (Binding a. a. O.). Hier ist also deutlich jeder Zweck aus der Strafe herausgenommen. Es genügt, daß die Strafe vollstreckt wird — vivat die Strafe!

Für die Ausschaltung des Zweckes aus der Strafe im geltenden Recht gibt M. E. Mayer, Allgemeiner Teil, S. 452, ein schönes Beispiel: Bei jugendlichen Delinquenten hält es unser Strafgesetzbuch in gewissen Fällen für zweckmäßig, Erziehungsmaßregeln zu verordnen. Diese werden aber nur dann verhängt, wenn der Jugendliche sonst straflos bleibt. Muß das Verbrechen aber dem Jugendlichen nach seinem geistigen Niveau zugerechnet werden, dann treten die Erziehungsmaßnahmen zugunsten der Strafe zurück, die nicht verhängt wird, um den Jugendlichen zu bessern, sondern allein als Vergeltung, quia peccatum est. Erst die jüngste Vergangenheit hat durch das Reichsjugendgerichtsgesetz mit diesem Prinzip gebrochen, und besondere Maßnahmen für eine strafbare Handlung zugelassen.

Ein weiterer Beweis für das Fehlen eines Strafzweckes im geltenden Recht ist darin zu sehen, daß sich das Strafgesetzbuch mit der Festsetzung nach Art und Größe begnügt. Es ist nirgends eine Bestimmung zu finden, wonach die Strafe etwa beendet wäre, wenn der Strafzweck erreicht ist. Als Gegenargument könnte die Zulassung der vorläufigen Entlassung angeführt werden. Da sie nur als eine Möglichkeit für die Vollzugsbehörde zur Verfügung gestellt ist, sehen wir in ihr nur die Ausnahme, welche die Regel bestätigt. Ein

Strafzweck ist auch gar nicht angegeben, und die Bestimmung des Geldstrafengesetzes, nach der vom Richter verschiedene Strafarten je nach der Möglichkeit, den Strafzweck zu erreichen, zu verhängen sind, schwebt völlig in der Luft. Der Richter muß sich seinen eigenen Strafzweck ersinnen, was ihm schwer fallen dürfte, wenn er sich dabei an die geistigen Grundlagen des geltenden Strafgesetzbuches halten wollte —, wozu er freilich auch nicht verpflichtet ist. Denn bei seiner Tätigkeit handelt es sich nicht wie beim Rechtshistoriker um „wissenschaftliche Erklärung der Geschichte, des geltenden Rechts und seiner Institute“ (Binding a. a. O.).

Wenn wir uns von der Strafe zu den Strafmitteln wenden, so kommen wir gleich bei der schwersten Strafe, der Todesstrafe, zu einem entscheidenden Punkt für den Liberalismus. Darf man vom Boden einer liberalen Staatsauffassung aus für die Todesstrafe eintreten, oder ist der Kampf gegen die Todesstrafe eine notwendige Konsequenz der liberalen Staatsauffassung? Hier stehen wir an einer Stelle, wo sich der politische Liberalismus des 19. Jahrhunderts vom Liberalismus als Weltanschauung scharf unterscheidet. Der politische Liberalismus fordert nicht die Todesstrafe als gesetzliches Strafmittel, steht ihr aber auch nicht entgegen und gibt immerhin die Möglichkeit ihrer Rechtfertigung. Konsequenz aber einer liberalen Weltanschauung ist es, wie wir noch sehen werden, die Todesstrafe aus dem sozialen Leben zu verbannen.

Waechter zählt nicht zu den Gegnern der Todesstrafe und wird darin charakterisiert als Vertreter des politischen Liberalismus. Er hält die Todesstrafe für gerechtfertigt (Vorlesungen S. 93), sobald sie notwendig ist „zur Tilgung des Unrechts und zur Sanktion des Rechts“ Wieder liegt hier in der Rechtfertigung der Strafe ihr Zweck mit enthalten: die Aufrechterhaltung der Rechtsordnung. Es kommt gerade bei der Todesstrafe zum Ausdruck, daß der politische Liberalismus einen Zweck für die staatliche Strafe nicht kennt: Ist der Verbrecher hingerichtet, dann kann mit ihm ja kein Zweck mehr erreicht werden; was übrig bleibt, ist die bloße Tatsache der Vollstreckung. Das Wesen der Strafe zu enthüllen nach deskriptiver Methode, heißt für den Liberalen zugleich, den immanenten Zweck angeben, der doch nur nach normativen Gesichtspunkten zu bestimmen wäre! Aber wenn die Todesstrafe jeden Zweckes entbehrt, dann ist sie dem Liberalen gerade recht, für den der Staat gar nicht befugt ist, dem Menschen Zwecke zu setzen und auf sie einzuwirken im Sinne innerer Umstellung.

Aber sind es nicht gerade Liberale gewesen, die den Kampf gegen die Todesstrafe im vorigen Jahrhundert geführt haben? Wenn wir uns die eingehende Debatte ansehen, die über die Todesstrafe in der Paulskirche geführt wurde (Stenograph. Berichte, S. 1370 ff.), so finden wir allerdings die meisten Liberalen, Anhänger des linken Zentrums, als Gegner der Todesstrafe. Aber die Begründung, die sie dafür geben, zeigt deutlich, daß auf sie der Begriff des politischen Liberalismus gar nicht mehr Anwendung finden kann. Wenn z. B. Jordan die Todesstrafe ablehnte, weil der wahre Zweck der Strafe Besserung des Verbrechers sei, und die Todesstrafe gerade die Bedingung einer sittlichen Entwicklung vernichte, so wird man vom Boden des politischen Liberalismus aus erwidern, daß dem Staat ein Zwang zur sittlichen Besserung seiner Bürger gar nicht zusteht. Nur zwei Mitglieder der „liberalen" Parteien machen sich keinen Zweck der Strafe zu eigen: E. M. Arndt und Schaffrath. Arndt kommt denn auch konsequent zu einer Anerkennung der Todesstrafe, wenn auch nur für den Vaterlandsverräter: Er darf von seinen freien Genossen verurteilt werden! (S. 1371 a. a. O.) Das ist echt „liberal" gedacht; der Staat, die Notgemeinschaft freier Persönlichkeiten, verfolgt keine Zwecke bei den einzelnen; er kennt nur die Reaktion gegenüber dem Rechtsbruch, der die durch die staatliche Ordnung gewährleistete Freiheit des Individuums bedroht. — Schaffrath dagegen verwirft die Todesstrafe nicht nach der Besserungstheorie, sondern nach der „rein rechtlichen Theorie", die dem Staate nur den Schutz der Rechtsordnung zur Aufgabe stellt. Er beruft sich dabei auf die rationale Theorie von der Staatsentstehung, wonach der Staat durch einen Vertrag aller gegründet worden sei. Damit gibt er sich aber nicht als einen Liberalen, sondern als Demokraten[23]). Nicht die Beschränkung des Staates ist ihm die Hauptforderung, sondern vor allem die Volkssouveränität ist zu erreichen, daß alle Staatstätigkeit nur die Ausführung der individuellen Willen ist oder, bei der Unmöglichkeit, dieses Ziel zu ereichen, in der Praxis wenigstens mit Billigung der Majorität der Bürger ausgeübt wird. Nach dieser Staatsauffassung wäre die Todesstrafe theoretisch nur zu rechtfertigen als Ausfluß des Willens dessen, an dem sie vollzogen wird. Wenn der Staat für den Einzelwillen da ist, dessen Freiheit er nach demokratischer Anschauung durch Schaffung subjektiver Rechte erhöhen soll, dann fallen für ihn alle Mittel fort, die zur Vernichtung des Individuums führen. Für den Demokraten ist der Staat nicht, wie nach liberaler Auffassung, dazu berufen, die natürliche Freiheit des einzelnen zu gewährleisten, sondern ihm ein erhöhtes Maß politischer Freiheit zu geben.

Wenn es auch Liberale gibt, die Gegner der Todesstrafe sind, so sind es Männer der liberalen Lebensauffassung, nicht nur Anhänger des politischen Parteiliberalismus. Der Liberalismus als Lebensauffassung unterscheidet sich von dem politischen Liberalismus dadurch, daß er an einer Idee orientiert ist, die der Parteiliberalismus aus dem Auge verloren hat. Um der Idee zu dienen, verlangte die liberale Lebensauffassung die Freiheit vom Staat, und in einer Zeit, wo der Staat in die Tätigkeit seiner Bürger aufs tiefste eingriff und es kaum ein Gebiet gab, das er nicht „regelte“, kam das Postulat der Freiheit vom Staat naturgemäß stark in den Vordergrund, so daß man schließlich die Idee vergaß, für die man einst um die Freiheit kämpfen zu müssen glaubte. Im Sinne der Idee liberal sein, heißt, zum Ausgangspunkt seines Handelns etwas Absolutes machen, die Behauptung der inneren

---

[23]) Vgl. zum Folgenden Radbruch, Rechtsphilosophie, S. 96 ff. und vor allem die wunderschöne Darstellung M. E. Meyers, Rechtsphilosophie, S. 72 ff.

Freiheit des Menschen[24]), durch die wir uns über die Schranken des Staates hinaus ein Ziel setzen können in der Idee der menschlichen Gesellschaft, der „keiner auf Grund einer besonderen und jeder auf Grund der allgemeinsten Eigenschaft angehört“[25]). Eine solche Gesinnung, die gegenüber jedem starren Machtspruch die Toleranz pflegt, kann, wie M. E. Mayer hervorhebt, in jeder politischen Partei zur Geltung kommen. Von dieser Lebensauffassung waren die Männer beseelt, die in der Frankfurter Nationalversammlung gegen die Todestrafe stimmten, weil „Halsabschneiden unmenschlich sei“ (Heisterbergk, Stenograph. Berichte, S. 1382), der Staat selber menschlich sein müsse (Dahm a. a O., S. 1384) und man zur Vollziehung keinen Büttel mehr finden werde (v. Buttel a. a. O., S. 1374 — vielleicht die feinsinnigste Begründung!). Überall kommt hier die Auffassung zur Geltung, daß die Todesstrafe ungeeignet sei für die sittliche Entwicklung (so ausdrücklich Jordan, das. S. 1372) und daher abzulehnen sei. Für den Liberalismus als Lebensanschauung gilt der Primat der Sittlichkeit und stehen die ethischen Prinzipien Kants und Schleiermachers im Vordergrund (vgl. Westphal a. a. O., S. 281 ff.).

Es drängt sich hier die Frage auf, wie sich der Liberalismus als Lebensanschauung und der aus ihm entsprossene politische Parteiliberalismus im praktischen Leben zueinander verhalten, und ob man beide Arten von Liberalismus voneinander trennen kann, oder ob nicht gar der politische Liberalismus in einigen Punkten mit dem Liberalismus als Lebensanschauung in unlösbarem Widerspruche steht.

Der Liberalismus als Lebensanschauung ist „geprägte Form, die lebend sich entwickelt“, ist eine geistige Einstellung zu den sozialen Problemen, die unabhängig von der Verschiedenheit politischer Parteiprogramme, der Entfaltung

---

[24]) Dieser Ausgangspunkt gilt nicht nur, wie es Westphal, Welt und Staatsauffassung des Liberalismus S. 206 darstellt, für den politischen Liberalismus, sondern ist der Grundzug alles liberalen Denkens. Der politische Liberalismus ist nur dabei stehen geblieben!

[25]) M. E. Mayer, S. 76.

rein menschlicher Werte dient: „Der sittliche Wille ist der Grundzug des liberalen Lebens" (Westphal a. a. O., S. 303). Der politische Liberalismus ist die Richtung, die der liberalen Lebensauffassung im Staate zum Siege verhelfen soll. Auch ihm steht das „unendliche Recht der Person" (Treitschke, Aufsätze, Bd. I, S. 313) über der Sorge für den Staat. Aber um dieser geistigen Einstellung gemäß ein Staatswesen zu gestalten, entwickelt er ein Parteiprogramm, in dem der Staat auf die allernotwendigsten Aufgaben der Ruhe und Sicherheit seiner Bürger zurückgedrängt wird. Er geht darin soweit, daß er die Staatstätigkeit auch dann ablehnt, wenn sie den Bürger sittlich fördert. Er ist eine Doktrin und kann sie sein in des Wortes schlimmster Bedeutung, wodurch er sich dann mit der liberalen Lebensauffassung in Widerspruch setzt. Wer selbst dann für eine bestimmte Staatstätigkeit eintritt, wenn diese die sittliche Entwicklung des Menschen hindert, nur deshalb, weil der Staat erfahrungsmäßig auf andere Weise nicht die Rechtsordnung aufrechterhalten kann, es sei denn durch Einwirkung auf die Gesinnung seiner Untertanen, der mag parteipolitisch ein Liberaler sein, der Idee nach steht er dem Liberalismus fern.

Nach dem Vorangehenden können wir nun Waechters Stellung zum Liberalismus näher bestimmen. In seiner Straftheorie und seinem Eintreten für die Todesstrafe steht er im Einklang mit den Grundsätzen des politischen Liberalismus, wie er sie auch im Württembergischen Landtag und im Reichstag vertreten hat. In seiner Lebensanschauung dagegen steht er dem Liberalismus als Verteidiger der Todesstrafe fern. In der Frage nach der Zurückdrängung der Strafe durch Erziehungsmaßregeln, einem „Kulturkampf, den wahrlich nicht nur in dieser Frage die liberale mit der konservativen Idee führt" (M. E. Mayer, Allgemeiner Teil, S. 436), zeigt er sich als konservativ, dem nach Dohnas Formulierung nicht das pereat das Verbrechen, sondern ein vivat die Strafe, als Kulturideal vorschwebt.

Was sonst noch über Strafe und Strafmittel für unser Thema zu sagen ist, hat für die Stellung Waechters nur wenig

Bedeutung. Da sich mit dem Strafvollzug keine Einwirkung auf den Verbrecher im Sinne einer Besserung verbinden darf, so läßt sich die Forderung unbestimmter Strafmaße nicht rechtfertigen. Der Staat hat für die einzelnen Verbrechen entweder absolut bestimmte Strafen festzusetzen (vgl. Vorlesungen, S. 92, Anm. 2), was nach Waechters Auffassung durchaus zulässig ist, oder relativ bestimmte Strafen. Denn nicht der Täter, sondern die Tat wird vergolten, der Angriff auf die Rechtsordnung, und für jedes Verbrechen muß eine bestimmte Reaktion des Staates von vornherein feststehen, wobei für den subjektiven Maßstab, die Größe des rechtswidrigen Willens, ein gewisser Spielraum zu verbleiben hat. — Die Forderung unbestimmter Strafurteile hat Waechter nicht behandelt. Über diese Frage glaubte der herrschende Liberalismus damals keine Diskussion mehr nötig zu haben[26], [27]). Die bedingte Verurteilung wurde zu Waechters Zeiten noch nicht gefordert.

Im übrigen vermeidet Waechter eine grundsätzliche kritische Stellungnahme über die Strafmittel, so leider auch über die Nebenstrafe der Aberkennung der bürgerlichen Ehrenrechte, obwohl er gerade bei dieser in längerer historischer Darstellung verweilt[28]).

Bedeutsam ist wieder Waechters Stellung gegenüber der Begnadigung. Er sieht den „rationellen Hauptgrund“ des Begnadigungsrechtes darin, daß die Gesetze bei ihren Strafbestimmungen nicht alle Besonderheiten, die bei einer gerechten und zweckmäßigen (!) Ausübung der Strafrechtspflege Einfluß verdienen, berücksichtigen können (Vorles.,

---

[26]) Sie entstammt den Zeiten der Aufklärung, vgl. Liszt, Aufsätze 2, 133 (über Klein).

[27]) Über die Stellung des politischen Liberalismus gegenüber den Forderungen nach Aufhebung des Strafmaßes und auf unbestimmte Strafurteile sehr bezeichnend Binding, Grundriß S. 236, Anm. 2, mit der charakteristischen Frage: Haben wir deshalb nach dem Rechtsstaate gerungen?

[28]) Vorles. S. 103 ff. und Lehrbuch des römisch-deutschen Strafrechts, S. 171 ff.

S. 301). Er hält den Richter nicht für geeignet, ihm eine solche Berücksichtigung anheim zu geben, sondern will es dem höchsten Staatsorgan vorbehalten, die Härte der Gesetze „durch Gnade mit den Anforderungen der Gerechtigkeit und den Staatsinteressen (!) auszugleichen". Mit dieser Stellungnahme begeht er freilich eine Sünde gegen den Geist des politischen Liberalismus. Wir sahen oben, wie Humboldt jedes Begnadigungsrecht des Staatsoberhauptes verwarf[29]). Damit befand er sich im Einklang mit der Doktrin des politischen Liberalismus, der in seinem Ideal des Rechtsstaates möglichst alle Beziehungen des States zu seinen Untertanen durch Rechtsnormen erschöpfend regeln will und es nicht erlaubt, daß die durch Rechtssatz inhaltlich und formal bestimmten Rechtsfolgen für bestimmte Taten durch einen in das Gebiet der Justiz eingreifenden Verwaltungsakt, sei es zur Korrektur des Rechts, wie Waechter es will[30]), oder gar zur Verneinung des Strafrechts[31]) beseitigt werden. Es zeigt sich in dieser Konsequenz des politischen Liberalismus die tote Mechanik einer Staatsauffassung, die um des lebendigen Einzelwesens willen, das in seiner Entwicklung unter dem polizeistaatlichen Absolutismus gehemmt war, dessen Freiheit damit errang, daß die unbedingt notwendige Organisation wohl in ihren Eingriffen in die private Sphäre an feste Gesetze gebunden war, daß aber eben die starre Gebundenheit der staatlichen Ordnung den einzelnen in seiner Entwicklung hindern, ja ihn vernichten kann. Was die letzten Konsequenzen des politischen Liberalismus dem einzelnen geben, ist nicht mehr als eine dem Rationalismus entsprungene berechenbare Freiheit von etwas, keine Freiheit zu etwas. Denn wenn die individuelle Freiheit dazu dienen soll, die sittliche Persönlichkeit sich weiter entwickeln zu lassen, dann steht ein Staat, der die Begnadigung nicht kennt, dieser Entwick-

---

[29]) Vgl. zu dieser Frage noch Fischel, Einfluß der Aufklärungsphilosophie, S. 249, dessen Darstellung im übrigen für diese Arbeit nicht verwertbar war.

[30]) So auch Binding, Grundriß, S. 312 ff.

[31]) So M. E. Mayer, S. 533 des Allg. Teils.

lung nicht nur indifferent, sondern sogar hemmend gegenüber. Er nimmt dem Verbrecher, von dessen Freiheit der politische Liberalismus wie vor der jeder andern Persönlichkeit so große Ehrfurcht haben will, „eine Hoffnung, an der sich seine beste Seelenkraft aufrichtet[32])“ und vernichtet damit eine Entwicklung, die er nicht in die rechte Bahn lenken darf. — Waechter hat diese Konsequenz des liberalen Doktrinarismus nicht gezogen; er hat sogar neben der Berichtigung des Richterspruchs noch die Staatsinteressen herbeigezogen, die eine Begnadigung im konkreten Fall ratsam machen könnten. Indem er es ausdrücklich ablehnte, dem Richter das Recht der Berücksichtigung besonderer Interessen im Einzelfall zu geben, weist er der vollziehenden Gewalt im Staat eine Stellung zu, die wesentlich über das hinausgeht, was Humboldt und selbst Kant dem Staat als Tätigkeitsfeld einräumten und sich dem Gedanken Welckers nähert, daß eine gewisse Einwirkung auf die Moral der Bürger doch wohl mit der Ausübung der Strafgewalt verbunden sei[33]).

Strafe wird nur vom Staate über Untertanen verhängt, wenn eine rechtswidrige Tat schuldhaft ausgeführt worden ist. Die Auffassung vom Schuldbegriff ist daher entscheidend für den Aufbau des jeweils geltenden Strafrechts und symtomatisch für die Rechts- und Staatsauffassung, der das geltende Strafrecht sein Dasein verdankt. War es das Bestreben des Liberalismus, den reinen Rechtsstaat zu schaffen, so führte er auf dem Gebiete des Strafrechts dazu, den rein „rechtlichen“ Schuldbegriff (auf ihn legt Binding so großen Wert) frei von allen metarechtlichen Elementen zum Siege zu verhelfen. Hier in der Schuldlehre ist Waechter ein Anhänger der liberalen Staatsauffassung ohne Konzessionen „in idealistischer Strenge“ gewesen.

Daß nicht der Mensch, sondern seine Tat bestraft werde, ist eine Forderung des politischen Liberalismus, denn es

[32]) M. E. Mayer, Allg. Teil, S. 534.

[33]) Vgl. hierzu auch die Vorbemerkung über das Kapitel „Die Strafmittel“, S. 91 ff., der Vorlesungen.

widerspricht nach Kants Formulierung der Würde der menschlichen Persönlichkeit, andere Zwecke mit der Strafe zu verbinden, außer der Wiedervergeltung der Tat. Eine Bewertung des Charakters des Verbreches steht dem Staat nicht zu. Freilich bestraft man gerade vom Standpunkt des Liberalismus aus in höherem Maße den Täter, als etwa zu den Zeiten des Vorherrschens der Erfolgshaftung. Nach der Erfolgshaftung wird die Tat im Hinblick auf ihre Gemeinschädlichkeit bestraft, wobei auf die Psyche des Täters keine Rücksicht genommen wird. Der Liberalismus will es gerade vermeiden, daß nur die Tat unter normativen Gesichtspunkten gesehen wird. Der Liberalismus straft nur, wenn eine bestimmte subjektive Beziehung des Täters zu seiner Tat vorhanden ist, die es erlaubt, den Täter für die Tat verantwortlich zu machen[34]). Wenn also ohne Schuld des Täters keine Strafe verhängt werden darf, kann man insofern sagen, nach liberaler, heute noch herrschender Staatsauffassung, wird der Täter bestraft. Die These der liberalen Staatstheoretiker, wonach die Tat vergolten wird und nicht der Täter durch Strafe in seiner Entwicklung beeinflußt wird, bezieht sich darauf, daß nach liberaler Doktrin die Rechtfertigung der Strafe aus dem einzelnen Verbrechen, der e i n e n gewollten Handlung erfolgt und nicht das Verbrechen nur als Symptom für eine bestimmte Eigenart eines Menschen gewertet werden soll, so daß in der Gesinnung des Täters, die durch seine Handlung erkennbar wird, der strafwürdige Umstand gefunden werden würde. In diesem Sinne der Ausschließung aller Momente zur Rechtfertigung der Strafe, die über den Willen des Täters zur Begehung eines Verbrechens hinaus auf dessen gesamte Persönlichkeit zurückgehen und sie zum Objekt staatlicher Strafjustiz machen, formuliert dann der Liberalismus seinen strafrechtlichen Grundsatz dahin, daß die Tat bestraft wird, nicht der Täter.

Die letzten Sätze zeigen bereits die Grenzen für den strafrechtlichen Schuldbegriff des Liberalismus. Es wird dem

---

[34]) Vgl. Kohlrausch, Die Schuld 1910, S. 183 ff.

politischen Liberalismus niemals möglich sein, über einen formellen Schuldbegriff hinaus zum materiellen Verschulden zu gelangen. Denn, wenn die Persönlichkeit des Täters nur soweit von Belang ist, als durch sie eine konkrete Tat verursacht worden ist, so bleibt für die Berücksichtigung des Täters bei der Bestrafung nichts weiter übrig, als die Feststellung: Der Täter hat durch sein Verhalten sich mit den Normen der Rechtsordnung in Widerspruch gesetzt. Dieses Verhalten war durch seinen Willen verursacht; ein solcher, eine widerrechtliche Tat verursachender Wille ist „Schuld“. Hiermit im Einklang heißt es bei Welcker (vgl. oben S. 24 f.): Schuldhaft verursacht ist das objektiv unrechtliche Geschehnis als Resultat einer dem Täter zurechenbaren Willensbestimmung; und Waechter sieht in dem widerrechtlichen Willen, wenn er in das objektive Dasein getreten ist, zugleich ein Unrecht und eine Schuld (Vorles., S. 21 f.). Als letztes großes Ergebnis des Liberalismus hat dann die Normentheorie Bindings, wonach das Wesen des Verbrechens in dem Ungehorsam gegenüber der Norm liegt, den Satz aufgestellt: Die Schuld liegt im Widerspruch mit dem Gesetz in einem konkreten Falle[35]). Damit hat er den materiellen Verbrechensbegriff für bedeutungslos erklärt[36]); wir wissen vom Verbrechen nur, daß es verboten ist, nicht, warum es verboten ist. Dementsprechend sieht Binding in der Schuld auch nur den auf eine Widerrechtlichkeit gerichteten Willen eines Handlungsfähigen[37]), und der Grad der Schuld ist abhängig von der im einzelnen Falle aufgewandten Energie des rechtswidrigen Willens. Was der Täter für eine Persönlichkeit auch ist, die Strafe hat nur die Aufgabe, die T a t zu vergelten: „Gleiche Tat, gleiche Strafe[38])“ — mögen die Persönlichkeiten der Verbrecher noch so verschieden sein.

Der politische Liberalismus blieb beim formellen Schuldbegriff stehen, weil er jeden Eingriff des Staates in die in-

---

[35]) Vgl. Binding, Normen I, § 55 ff.

[36]) Darüber auch Liepmann, Einleitung, S. 12 ff.

[37]) Grundriß, S. 115, mit weiteren Literaturangaben.

[38]) Gerland, Reichsstrafrecht, S. 22.

dividuelle Entwicklung ablehnte. Um nicht weiter die private Sphäre einzuengen als es die konkrete Tat erforderlich macht, schafft der Staat für seine Organe feste Tatbestände, die den staatlichen Machtbereich begrenzen und dem Verbrecher eine gewisse Freiheitssphäre garantieren. Es mag im liberalen Staate dahingestellt bleiben, welche Gesinnung der Verbrecher hat. Die einzelne schuldhafte Handlung hat nicht symptomatische Bedeutung für die Eigenart des Verbrechers. Was geht den Staat die Persönlichkeit seiner Untertanen an? Er hat sie anzuerkennen und sich nur bei Rechtsverletzungen gegen sie zu wenden, um den Status quo ante wiederherzustellen, nicht um die individuelle Entwicklung zu fördern. Dem Staate bleibt es freilich auch nicht erspart, die Gefährlichkeit des vom Täter erstrebten Erfolges bei der Strafbemessung mitzuberücksichtigen. Aber das ist eine von der Schuld des Täters ganz unabhängige Frage[39]).

Ob der Begriff des materiellen Verschuldens[40]) oder formelle Schuldbegriff Grundlage des Strafrechts sein soll, ist wissenschaftlich nicht zu entscheiden, sondern hängt ab von der Rolle, die man dem Staate zuweist gegenüber den einzelnen. Der politische Liberalismus begnügt sich mit der Feststellung dessen, was Rechtens ist und was dem Rechte widerspricht. Wie weit widerrechtliche Handlungen Symptome einer Gesinnung sind, die der Gesellschaft, zu deren Schutz die Rechtsordnung da ist, gefährlich ist, geht über das nur „rechtliche" Interesse des Staates an der Verbrechensbekämpfung hinaus. Auch hier ist der Liberalismus in seinen letzten Konsequenzen wie bei seiner Straftheorie der eigenen Idee im Wege, denn die freie Entwicklung des Individuums im Sinne der I d e e des Liberalismus steht um so gesicherter da, je weniger Verbrecher die Rechtsordnung stören. Nur eine Berücksichtigung des Charakters des Verbrechers[41])

---

[39]) Vgl. dazu Kohlrausch, Irrtum und Schuldbegriff, S. 35.

[40]) gegen ihn neuerdings grundsätzlich Sauer, Grundlagen des Strafrechts, S 565.

[41]) Vgl. Gerland, Grundfragen des Strafrechts, S. 39: Schuld ist Charaktereignung zu rechtswidriger Handlung.

wird imstande sein, eine Trennung der unverbesserlichen von den verbesserungsfähigen Delinquenten vorzunehmen und dem Unverbesserlichen gegenüber auf eine Strafe zu verzichten, die vom Standpunkt der Einhaltung der Rechtsordnung aus nutzlos ist, und andere Sicherungsmaßnahmen zu ergreifen. Der politische Liberalismus gipfelt in einer Antinomie: Der Staat ist um der freien Entwicklung des Individuums willen da. Sein Zweck ist nur der Schutz der individuellen Freiheit; die freie Entwicklung duldet keinen staatlichen Eingriff. Nur wenn ein Individuum in die Sphäre des andern einbricht, ist der Staat zur Reaktion befugt, um nach Kants Definitionen wieder die Willkür des einen mit der Willkür des andern, nach dem allgemeinen Gesetz der Freiheit zu vereinigen[42]). Aber das Mittel der Strafe, das der Staat zur Erreichung des ihm gesetzten Zweckes benutzen darf, dient dem Staat nur schlecht. Gerechtfertigt durch den auf andere Weise nicht wieder herzustellenden Rechtszustand ist die Strafe als reine Vergeltung ohne jeden Zweck allenfalls in der Lage, die widerrechtliche Handlung eines Individuums zu paralysieren. Dem Staat liegt es ob, für die dauernde Erhaltung der Rechtsordnung zu sorgen und darauf hinzuwirken, daß die Zahl der durch Rechtsbrüche erfolgenden Eingriffe in die Freiheit seiner Untertanen möglichst verringert wird. Wenn das durch Einwirkung auf den Charakter eines Verbrechers besser erreicht wird als durch einfache Vergeltung, was hinderte den Liberalismus an der Anerkennung eines solchen Rechtes des Staates im Dienste des Individuums? So wie uns der politische Liberalismus bei Kant, Humboldt und Waechter begegnet, fordert er: freie individuelle Entwicklung und Beschränkung der Staatstätigkeit. Er fordert die Einschränkung der Staatstätigkeit aber selbst dann, wenn gerade eine staatliche Wirksamkeit das Ziel der freien Entwicklung der Persönlichkeit fördern würde. Das ist unhaltbar. Entwicklung des Individuums im Sinne einer

---

[42]) Einleitung zu den metaphysischen Anfangsgründen der Rechtslehre 1797.

über den Staat hinausgehenden Idee setzt allerdings voraus, eine vor willkürlichen Eingriffen des Staates gesicherte Sphäre. Aber wo die Einwirkung des Staates dazu angetan ist, die freie Entwicklung, die doch gerade nach liberaler Auffassung (vgl. Westphal, S. 255) nur den Sinn hat einer Entwicklung im Sinne einer sittlichen Idee, und nach welcher der Staat selber als sittlicher Organismus innerhalb eines „Systems der Sittlichkeit“ aufzufassen ist, in dieser Richtung zu beeinflussen, müßte gerade der politische Liberalismus dem Staate auch eine erziehende Tätigkeit zuerkennen. Es ist das Verhängnis des politischen Liberalismus gewesen, zur Überwindung der Antinomie in seinem Programm nichts getan zu haben. Es blieb dabei: Freiheit vom Staat zur sittlichen Entwicklung der Persönlichkeit, aber Freiheit auch dann, wenn die sittliche Entwicklung durch Eingreifen des Staates in der Richtung der ihr vorschwebenden Idee neue Stärkung erführe[43]). Wenn der Liberalismus jede Einwirkung des Staates auf den Verbrecher verwarf, weil die Freiheit auch des Verbrechers unangetastet bleiben sollte, der sich doch offenbar nicht im Sinne der dem Individuum gesetzten Idee betätigt hatte, so bedeutet das ein Herausnehmen des Staates aus der Entwicklung zu dem vom Liberalismus selbst dem Menschen gesetzten Ziele und damit ein Abirren von der Idee des Liberalismus. „Das erste steht uns frei, beim zweiten sind wir Knechte!“ —

Bedeutsam für die Bestimmung des Einflusses der liberalen Staatsaufassung auf den strafrechtlichen Schuldbegriff ist auch die so oft erörterte Kontroverse bei der Lehre vom Vorsatz, ob zum strafrechtlichen Vorsatz das Bewußtsein der Rechtswidrigkeit gehört[44]). Waechter[45]) hält das Bewußtsein der Rechtswidrigkeit bei vorsätzlicher Tat nicht für erforder-

---

[43]) Wohl nur W. v. Humboldt verzichtet auf jede richtunggebende Idee und läßt jeden nach seiner Fasson selig werden, vgl. Stammler; Rechts- und Staatstheorien der Neuzeit, § 14.

[44]) Literatur bei v. Liszt, Lehrbuch, § 41 und vor allem Binding, Normen II und III.

[45]) Vorlesungen, S. 146.

lich. Die Möglichkeit der Kenntnis der Rechtswidrigkeit muß nach Waechter wohl gegeben sein, denn sonst ist eine Tat dem Menschen überhaupt nicht zuzurechnen. Das genügt aber auch. Hat der Täter das Wissen von der Rechtswidrigkeit nicht, obwohl er es haben konnte, so wird dadurch der Vorsatz nicht ausgeschlossen. Ein Verbrechen ist bereits dann vorsätzlich verübt worden, wenn „der individuelle Wille im direkten Gegensatz zu dem allgemeinen Willen, dem Gesetz steht"[46]). Aber Waechter will wenigstens in einigen Fällen, in denen der Täter nicht wußte, daß er Verbotenes tat, Strafmilderungen eintreten lassen. Wenn das Gesetz bei gewissen Verbrechen mildernde Umstände zuläßt, dann ist mangelndes Bewußtsein der Rechtswidrigkeit stets ein mildernder Umstand.

Bevor wir den Zusammenhang dieser Lehre mit der liberalen Staatsauffassung betrachten, wollen wir kurz erwähnen, daß der Führer der modernen liberalen Strafrechtler, Binding, auf dem Waechter grundsätzlich entgegengesetzten Standpunkt steht: mangelndes Bewußtsein der Rechtswidrigkeit schließt nach Bindings Auffassung stets den Vorsatz aus[47]). Es soll hier nicht erörtert werden, daß Bindings Lehre in sich unhaltbar ist[48]); uns geht nur die Frage an, wer von beiden, Waechter oder Binding, in seiner Ansicht mit der Staatsidee des Liberalismus im Einklang geblieben ist[49]). Nach der liberalen Staatsidee liegt der Wert des

---

[46]) Ebenda, S. 146.

[47]) Das hängt mit Bindings Lehre vom Verbrechen als dem Ungehorsam gegen eine Norm zusammen; eine vorsätzliche Auflehnung gegen das Recht des Staates auf Gehorsam kann gar nicht anders erfolgen als in Kenntnis der Normwidrigkeit des Tuns — soweit zeigt Bindings Lehre durchaus „die Folgerichtigkeit des Denkers" (M. E. Mayer, Allg. Teil, S. 234 ff.).

[48]) Darüber besonders Kohlrausch, Irrtum und Schuldbegriff, S. 44 f.

[49]) Das Problem der Beziehung des Täters zur Rechtswidrigkeit ist eines der wenigen, wo in der neuen Strafrechtsdogmik der Zusammenhang mit der Staatsauffassung stärker hervortritt, und zwar bei M. E. Mayer, Allg. Teil, S. 233 f. in Verbindung mit S. 20 ff. und 173 ff. in nur andeutender, aber um so anregenderer Darstellung. Einiges auch bei Sauer,

Staates letzten Endes darin, daß er die Untertanen zwar in ihrer Freiheit beschränkt, daß aber durch diese Beschränkung der einzelne erst in die Lage versetzt wird, sich entsprechend der Idee zu entwickeln. Alles Tun des Bürgers findet seinen letzten Bewertungsmaßstab nicht in den Normen des Staates, die vielmehr gewertet werden nach derselben Idee, die den Bürgern das lezte, unerreichbare Ziel ihres Daseins ist. Sie bestimmt, welche Taten verwerflich, strafwürdig sind, und es kann nur bestraft werden, wer die Verwerflichkeit seines Tuns im Sinne der die Menschen verbindenden und leitenden Idee erkant hat. Es ist dies ein fundamentaler Unterschied zwischen der liberalen Staatsauffassung und dem Staatsabsolutismus, der bis ins Altertum zurückgeht. Nach der antiken Staatsauffassung[50]) — mit alleiniger Ausnahme der Sophisten — ist der Staat der Träger aller menschlichen Kultur und berufen zur Erziehung seiner Untertanen, die ihrerseits alles einzusetzen haben für den Staat. Mit den schlichten Worten ἐλευθέρως πολιτεύομεν hat Thukydides (Historiae, 2, 37) den Athenern das Zeugnis ausgestellt, daß sie den Sinn des Lebens begriffen hätten.

Der politische Liberalismus hat seinen Ursprung nicht in der Antike, etwa bei den Sophisten[51]), sondern beim Christentum[52]). Das Reich, das Christus ankündigte, ist nicht

---

Grundlagen des Strafrechts, S. 590 ff. und 231 ff., wenn auch in geschraubter Form. Dagegen diesen Fragen wieder ganz abgewendet Gerland, Reichsstrafrecht, S. 99 ff.

[50]) Vgl. R. Schmidt, Allg. Staatslehre I, S. 38 ff.; Tesar, Staatsidee und Strafrecht 1914; Meinecke, Idee der Staatsräson, S. 32 ff., 437 f. (Hegel).

[51]) Deren Erbe ist die Demokratie, vgl. M. E. Mayer, Rechtsphilosophie, S. 37.

[52]) Hierüber finden sich in der Literatur nur Ansätze, vor allem bei Troeltsch, Die Bedeutung des Protestantismus für die Entstehung der modernen Welt. Historische Zeitschrift 90 (1906) und die Soziallehren der christlichen Kirchen und Gruppen 1908, aber auch bei Rehm, Geschichte der Staatswissenschaft 1896; Sohm, Kirchenrecht 1892, § 2 ff.; Weinel, Stellung des Urchristentums zum Staat 1908; Harnack, Dogmengeschichte, Bd. I (1909). — Stillich bringt es fertig, einen inneren Zusammenhang zwischen der Idee des Christentums, der Todesstrafe und

von dieser Welt. Hier wurde den Menschen ein Ziel gesetzt, das weit über die Grenzen des Staates hinausgeht, und der Staat — wenn man ihn nicht gleich mit Augustin (de civitate dei, IV, 4) als latrocinium bekämpfen wollte — zu einer dienenden Rolle auf dem Wege zur Idee, dem Reiche Gottes, herabgewürdigt. Des Menschen höchster Wert wurde jetzt nicht mehr im πολιτεύειν gesehen, sondern im Streben nach dem Reiche Gottes. Zwischen der Entthronung des Staates durch das Christentum und dem politischen Liberalismus der Neuzet besteht ein tiefer innerer Zusammenhang, und es ist eine noch nicht gelöste Aufgabe, einmal die christliche Idee des Reiches Gottes mit der liberalen Idee der Humanität zu vergleichen[53]). Auch der Liberalismus ist eine Auflehnung gegen die restlose Erfassung aller menschlichen Tätigkeit durch und für den Staat; er strebt über den Staat hinaus und sieht den Zweck des Lebens in der sittlichen Vervollkommnung der menschlichen Persönlichkeit in der Richtung nach der Idee. Was die Taten der Menschen strafwürdig macht, ist nicht das Zuwiderhandeln gegen staatliche Gebote oder Verbote, deren Dasein selber erst der Rechtfertigung bedarf, sondern die Tatsache, daß sie an der Idee des Christentums oder des Liberalismus gemessen sich als verwerflich gezeigt haben. Dieser Widerspruch einer Handlung mit der Idee macht es dem Staate zur Pflicht, alles zur Verhinderung oder Sühne der Handlung zu tun, denn auch der Staat ist nur ein Mittel auf dem Wege zur Idee.

Bei dieser Entwicklung der über den Staat hinausweisenden Staatsidee muß der Standpunkt Waechters als im Sinne des Liberalismus gerechtfertigt werden, während Binding, der in seiner Straftheorie durchaus liberal das Vergeltungsprinzip vertritt, in der Schuldlehre sich mit den For-

---

der konservativen Machtstaatsidee zu konstruieren. — Sehr interessant ist der Versuch von E. Hirsch, Die Reich-Gottes-Begriffe des neueren europäischen Denkens 1921. M. E. ist die sehr konstruierende Untersuchung im Resultat zu einseitig bezüglich der Hervorhebung der religiösen Momente für die Geschichte der politischen Ideen.

[53]) Vgl. das Buch von E. Hirsch, oben Anm. 52.

derungen des Liberalismus in Widerspruch gesetzt hat. Der Täter muß das Bewußtsein haben, eine strafwürdige Handlung begangen zu haben, d. h. eine Handlung, die mit der Idee, nach der das menschliche Leben gerichtet werden soll, im Widerspruch steht. Zu der vom Liberalismus vertretenen sittlichen Freiheit paßt es schlecht, daß der Täter einer strafwürdigen Handlung straflos ausgehen soll, weil er ihre Verwerflichkeit gekannt, aber angenommen hat, der Staat hätte sie nicht durch sein Verbot getroffen. Wäre das Bewußtsein der Rechtswidrigkeit Erfordernis für den Vorsatzbegriff, dann läge die Verwerflichkeit der Tat in der Auflehnung gegen den Staat, wie es Binding folgerichtig konstruiert hat. Das kann aber nur anerkannt werden, wenn der Staat Zwecksubjekt menschlichen Handelns ist. Dann darf der Staat der einzelnen Tat den Stempel ihres Wertes aufdrücken aus eigenem Rechte und dem einzelnen Bürger, der im Banne dieser Machtstaatsidee stehen soll, bleibt es überlassen, sein Tun nach der staatlichen Norm einzurichten. Entscheidet die Wertung des Staates über die Richtung des menschlichen Lebens, dann kann der Verbrecher wegen vorsätzlicher Tat nur bestraft werden, wenn er die vom Staat sanktionierte Pflicht gekannt hat. Dann sind menschliche Pflichten zugleich staatsbürgerliche Pflichten: im Staat ist Recht und Sittlichkeit zu einer Einheit verschmolzen[54]).

Die Idee des Liberalismus, nach der die Handlungen der Menschen gewertet werden liegt außerhalb des Staates[55]). Die Eigenschaften, die eine Tat strafwürdig machen, werden durch die Idee der Menschheit bestimmt; was ihr widerspricht hat der Staat für strafbar zu erklären, denn er ist ein Mittel für die Menschen, der Idee gemäß zu leben. Also kann nur bestraft werden, wer die Schädlichkeit der Handlung gemessen an der Idee, erkannt hat, wer, nach M. E. Mayers Ausdruck und Lehre, das Bewußtsein der Kulturwidrigkeit

[54]) So Hegel, vgl. Rosenzweig, Hegel und der Staat, Band II, S. 103.

[55]) Wenn man Staatsidee nur die nennen will, die den letzten Wert des Staates und der Menschen im Staate selber sieht, dann hätte der Liberalismus keine Staatsidee, sondern nur eine Menschheitsidee.

der Handlung gehabt hat? Hier zeigt sich wieder die praktische Unbrauchbarkeit und die innere Unausgeglichenheit der liberalen Staatsauffassung. —

Die Idee des Liberalismus ist ein Beurteilungsprinzip[56]), ihr fehlt das Postulat der Erfüllung, das den Idealen eigen ist. Der Weg zur Staatsidee geht über Staatsideale. Hier gibt es deren viele, alle bedingt durch die jeweiligen sozialen Zustände und Anschauungen. So kommt es immer wieder vor, daß dem einen ein Zustand als der Idee nahekommend, als ideal erscheint, während andere ihn für überholt oder gar abwegig halten. Demgemäß wird dem einen eine Handlung als gut und zweckmäßig im Sinne der Idee erscheinen, die nach den gegebenen Verhältnissen strafbar ist, während der andere, der diesen Zustand für ideal hält, sie als gemeinschädlich auffaßt. Nach dem obigen Resultat wäre ein Verbrecher, der im Glauben an die Menschheit seine nach herrschendem Recht strafbare Tat für gut hielt, freizusprechen, ein Ergebnis, das alle staatliche Ordnung und damit auch den Staat selbst als Mittel für die menschliche Entwicklung erschüttern würde. Der äußerste politische Liberalismus führt zur Anarchie, denn er vermag nicht zu begründen, daß der Staat auch Handlungen bestrafen darf, die ein Teil seiner Untertanen nicht für pflichtwidrig und gefährlich hält.

Demgegenüber muß gefordert werden, daß Kenntnis des Verbotes einer Handlung durch den Staat zur Strafbarkeit des Täters genügt, auch wo der Täter sein Tun als gemeinschädlich nicht einsehen mag[57]). Wem sein Tun als strafbar bekannt ist, der soll gewahr werden, daß durch diese Staatsordnung, die er im Interesse seiner Entwicklung zu verletzen sich für berechtigt hielt, der Entwicklung seiner Mitbürger Grenzen gesetzt sind, innerhalb deren sie glaubten, sich frei bewegen zu können, und deren Freiheit er stört, daß er, der sich als Liberaler nichts vom Staat vorschreiben lassen will, was nicht seiner menschlichen Entwicklung gilt, wenig liberal

---

56) Max Ernst Mayer, Rechtsphilosophie, S. 91.

57) So vor allem Kohlrausch, Die Schuld, S. 218.

handelt, wenn er seinen Mitbürgern sein Ideal aufzwängt. Binding ist auf dem zweiten Weg bis zum Ende gegangen; er fordert für jede Bestrafung wegen vorsätzlich begangener Tat das Bewußtsein der Rechtswidrigkeit[58]), aber auch nur dieses; denn das Wesen des Verbrechens erschöpft sich im Ungehorsam gegenüber dem Staat. Daß der tatsächliche Vorgang mit dieser Formulierung nicht im Einklang steht, ist für die Bekämpfung von Bindings Ansicht nicht ausschlaggebend, sondern stellt höchstens die Aufgabe, die Staatsbürger zu ernsterer Auffassung ihrer staatsbürgerlichen Pflichten zu erziehen. Der Fehler liegt im Widerspruch zu der liberalen Staatsidee und zwar nach zwei Richtungen hin: einmal sanktioniert diese Ansicht, wie M. E. Mayer (Allgem. Teil, S. 233) richtig hervorhebt, einen unschönen Opportunismus; die Furcht vor Strafe hat nicht gewirkt, also wird dem Täter die Strafe auferlegt. Eine Staatsauffassung, die den Menschen und seinen sittlichen Willen in den Mittelpunkt stellt, wird nicht behaupten können, daß die Menschen aus Furcht vor Strafe nur pflichtgemäß handeln. Zum andern aber wird zwischen dem Staat und dem Menschen ein Untertanverhältnis geschaffen, wonach der freien Persönlichkeit die Rolle eines Staatsdieners zugedacht wird, der seinen letzten Wert aufgibt, wenn er dem staatlichen Gebote den Gehorsam versagt. Die Verwerflichkeit der verbrecherischen Handlung liegt nach der liberalen Staatsidee gerade nicht in der Verletzung einer Norm, die vielmehr bloß ein formales Mittel zum Einschreiten für den Staat bildet, sondern im Widerspruch mit der Idee menschlicher Vollkommenheit, die dem Menschen ihren Wert gibt und von welcher der Staat seine Daseinsberechtigung ableitet. So steht es auch völlig im Einklang mit dem konkreten Vorgang: der Liberale findet seine Schuld nicht im Ungehorsam gegen die Gesetze, sondern in der Verwerflichkeit seiner Handlungen, die den Staat erst zum Strafen berechtigt hat, und wer die verbotene

---

[58]) Vgl. Normen II und III und Die Schuld, S. 38 ff. und in fast allen seinen sonstigen Schriften.

Handlung gut findet und ausführt, fühlt sich berufen, der Staatsordnung eine andere Gestalt zu geben und sie für die Menschen besser dienstbar zu machen, als es bisher der Fall war. Eine Gehorsamspflicht ist ihm fremd. —

Die Lehren von der strafrechtlichen Schuld und dem Bewußtsein der Rechtswidrigkeit führen weiter zu der Frage, wie sich der Liberalismus zum Problem des Verhältnisses von Staat und Recht stellt. Fällt denn für den Liberalismus, wie Binding und Waechter es annahmen, das Bewußtsein der Rechtswidrigkeit mit dem Bewußtsein des Verbotenseins einer Handlung mit dem Staat zusammen? War Binding insbesondere überhaupt berechtigt, die von ihm vertretene Auffasung von der Schuld als die streng rechtliche, für den Juristen allein mögliche Lehre hinzustellen[59])?

Der Grundgedanke des politischen Liberalismus ist die Selbständigkeit des Rechts gegenüber dem Staate[60]). Hier zeigt sich der Liberalismus wieder als Fortsetzung und äußerste Konsequenz der naturrechtlichen Gedanken. Zunächst war im Mittelalter die altgermanische Anschauung des Rechtsstaates ins Schwanken gekommen, der nur für das Recht vorhanden war, und in dem es die Aufgabe des Fürsten war, nicht Recht zu schaffen, sondern das alte Recht zu wahren, „das Recht zu stärken", vor allem durch die Organisation der Kirche[61]), die eine nach ihrer Idee jenseits der Rechtsordnung liegende eigenartige Institution war, und den Einfluß der antiken Staatsphilosophie, die dem Staate das Erreichen der Glückseligkeit für seine Bürger zum Ziele setzte, während die Bürger ihr Dasein in den Dienst ihrer Polis stellten. Dennoch blieb der Gedanke eines dem Staat gegenüber selbständigen und sogar übergeordneten Rechts

[59]) Es soll hier nicht die Streitfrage logisch-systematisch behandelt werden, wie etwa zuletzt von Kelsen. Die große Literatur hierüber — vgl. den heutigen Stand bei Kehlsen, Der soziologische und der juristische Staatsbegriff 1921 — bleibt daher ohne Einfluß auf die Arbeit.

[60]) Über die Entwicklung der Idee des Rechtsstaates vor allem Gierke, Althusius, Kap. 6.

[61]) Vgl. Gierke a. a. O.

lebendig und herrschend[62]), bis Macchiavelli seine neue Staatsräson mit der Lehre von der Freiheit des Fürsten von den Schranken des natürlichen Rechts im Staatsinteresse verkündete. Die Lehre Macchiavellis wurde in Deutschland indes bald heftig angegriffen[63]), und führte aufs neue zum Vordringen des Naturrechts und dessen endgültigem Siege seit Bodin[64]), das sich in zweifacher Richtung entwickelte: Einmal gelangte man zur Aufstellung bestimmter Normen des Naturrechts, denen Gültigkeit zu verschaffen vom Staate gefordert wurde. Anderseits aber wurde der Staatszweck allein in der Durchsetzung dieses Rechts, das mit uns geboren ist, gesehen[65]), womit man zwar „den Untergang des Rechts durch den Satz salus publica suprema lex abwehrte, zugleich jedoch den mühsam errungenen Staatsgedanken vollkommen preisgab“[66]). Indem besonders die subjektiven Rechte des Individuums einen immer steigenden Umfang annahmen und die Staatstätigkeit auf den Schutz dieser individuellen Rechte eingeschränkt wurde, entstand dann der „Rechtsstaat“ des modernen Liberalismus, der das außer ihm liegende Recht pflegen soll im Dienst der Entwicklung des Individuums und sich auf die Pflege des Rechts zu beschränken hat[67]). Die Verwirklichung der selbständigen Rechtsidee im Staat und die Beschränkung der Staatstätigkeit auf die Rechtssicherheit seiner Bürger, suchte man durch

---

[62]) Vgl. etwa die Lehre des Thomas von Aquino vom natürlichen Recht; Baumann, Die Staatslehre des Heiligen Thomas von Aquino; Stahl, Philosophie des Rechts I, S. 56 ff.; auch Gierke, Genossenschaftsrecht, Bd. 4, S. 276 ff.; Meinecke, Idee der Staatsräson, S. 32 ff.

[63]) Gierke, Althusius, S. 102 und Anm. 96.

[64]) Vgl. Gierke, Genossenschaftsrecht, Bd. 4, S. 279.

[65]) Vgl. Holstein, Die Staatsphilosophie Schleiermachers, S. 24: „Der Staat wird in einem metaphysischen Minimum, eben der Realisation des Rechtsgedankens gesehen.“

[66]) Gierke, Althusius, S. 103.

[67]) In dieser Richtung entscheidender Fortschritt bei Hobbes, vgl. Gierke, Genossenschaftsrecht, Bd. IV, S. 331: „Hobbes hat das Individuum allmächtig gemacht“; ferner Tönnies, Hobbes, der Mann und der Denker 1912 (2).

eine entsprechende feste Organisation des Staates zu erreichen[68]). In dieser Betonung der Heiligkeit des Rechts gegenüber dem Staat lag eine Garantie für die Entwicklung der Persönlichkeit im Sinne der liberalen Idee der Humanität, in der Beschränkung des Staates auf die Durchsetzung des Rechts[69]), aber gleichzeitig auch der erwähnte Verzicht des Staates, selber auf die Entwicklung der Untertanen im Sinne dieser Idee einzuwirken.

Das Bewußtsein der Rechtswidrigkeit fällt danach für den Liberalismus nicht zusammen mit dem Bewußtsein des Verbotenseins der Handlung durch den Staat, denn Staat und Recht sind nicht identisch. Waechter und Binding sahen freilich das Bewußtsein der Rechtswidrigkeit als das Bewußtsein des Verbotenseins der Handlung durch den Staat an und bei dieser Auffassung mußte eben der Schluß gezogen werden, daß das Bewußtsein der Rechtswidrigkeit für den Vorsatzbegriff vom liberalen Standpunkt aus betrachtet, nicht notwendig sei. Versteht man unter dem Bewußtsein der Rechtswidrigkeit das Bewußtsein, eine dem ungesetzten, überstaatlichen Recht widersprechende Handlung im Bewußtsein eben dieser Widerrechtlichkeit zu begehen, dann dürfte das Bewußtsein der Rechtswidrigkeit für eine vorsätzlich rechtswidrige Tat notwendig sein. Denn das von dem Liberalismus immer wieder dem Staate gegenübergestellte, gegen diesen ausgespielte Recht ist ja nicht, wie es von den Anhängern des Naturrechts bis auf Kant angenommen wurde, ein System inhaltlich bestimmter, über alle Zeit erhabener Normen gewesen, sondern in Wirklichkeit nur die konkrete Formulierung dessen, was nach dem in der betreffenden Epoche vorhandenen Kulturzustande als gerecht empfunden wurde. Der Ausgangspunkt für das Naturrecht blieb immer der einzelne Mensch[70]), von Hugo Grotius[71]) und Thomasius[72])

---

[68]) Vgl. Guizot, Histoire des origines du gouvernement représentativ en Europe 1851, Bd. II, S. 10 ff.

[69]) Vgl. auch v. Bar, Die Grundlagen des Strafrechts 1869, S. 77 ff.

[70]) Vgl. neuerdings sehr gut Meinecke, Idee der Staatsräson, S. 427 f., 431 f.

bis zu Kant[73]), der die „absolute Souveränität" des Ichs verkündete, den letzten Wert in den einzelnen Menschen und in jeden Menschen den gleichen Wert legte, und damit den Schritt vom Menschen zur Menschheit machte, aber für den Staat als Wertsubjekt keine Stätte in seinem System fand. „Gegen Ende des 18. Jahrhunderts war die Herkunft aller sozialen Gewalt aus dem Individuum ein kaum bestrittenes Axiom[74])." Was man nun für die Entwicklung des Individuums als zweckmäßig ansah, weil es der „Natur" des Menschen in seinem jeweiligen Kulturzustande entsprach, das wurde als Forderung des Naturrechts aufgestellt[75]). Die einzelnen Vertreter des Naturrechts waren von der über ihre Zeit hinausgehenden Richtigkeit ihrer Rechtssätze überzeugt, wodurch aber nichts daran geändert wird, daß sie in Wahrheit nur vertraten, was nach den Zuständen ihrer Zeit „gerecht" war, weil es der Idee des Naturrechts und später des Liberalismus entsprach[76]). Indem also vom Liberalismus das Recht gegenüber dem Staat als selbständig anerkannt und in enge Beziehung zu der die Menschen bestimmenden Idee als die ihr entsprechende richtige Auffassung der Gemeinschaftsordnung gebracht wurde, erscheint es vom Standpunkt

---

[71]) Vgl. Stahl, Philosophie des Rechts, Bd. I, S. 162 ff.

[72]) Stahl, ebenda, S. 183; Landsberg, Zur Biographie von Thomasius, Bonner Festschrift 1894.

[73]) Simmel, Grundfragen der Soziologie, S. 86 ff.; Gierke, Genossenschaftsrecht, Bd. IV, S. 387 ff.

[74]) Gierke, Genossenschaftsrecht, Bd. IV, S. 395.

[75]) Die hier gezeichnete Entwicklung entstammt der psychologisch-dynamischen Betrachtungsweise. Dogmengeschichtlich war es umgekehrt: Die volle systematische Erfassung des Naturrechts führte erst zur Formulierung der Idee. Als das Naturrecht vollendet war, tauchte die Idee der Humanität bei Kant und Humboldt in gedanklicher Klarheit auf.

[76]) Zu dieser Frage bietet die früher von Achenwall, Mewius, Heineccius und anderen vertretene Auffassung vom sozialen Naturrecht einen Beleg, vgl. Gierke, Genossenschaftsrecht IV, S. 384. Ein soziales Naturrecht ist eben ein nach der Idee des Individualismus gerichtetes, sein Inhalt aus den besonderen sozialen Verhältnissen entnehmendes Recht. Letzten Endes ist alles Naturrecht, „soziales Naturrecht"!

des Liberalismus aus gerechtfertigt, für den strafrechtlichen Vorsatzbegriff das Bewußtsein der Rechtswidrigkeit, der Verletzung der Gerechtigkeit zu fordern. — Dieses Ergebnis stimmt überein mit zwei neuerdings vertretenen Auffassungen: Mit M. E. Mayers Kulturnormentheorie, wonach das Bewußtsein der Kulturwidrigkeit erforderlich ist, und mit der von Goldschmidt vertretenen[77]) Zweiteilung der Normen, nach der neben jeder Rechtsnorm eine überstaatliche Pflichtnorm steht, die das innere Verhalten des Menschen bestimmen soll. Beide Auffassungen huldigen dem liberalen Dualismus von Staat und Recht, denn die Kulturnorm oder die Pflichtnorm ist ja doch eine Norm der Gerechtigkeit.

4. Kapitel.

Franz von Liszt und die Wandlung der liberalen Staatsidee. — Schlußbemerkung.

Waechter ist vor dem Schicksal des englischen Historikers bewahrt geblieben, der am Ende seines Lebens bekannte, er habe sich selbst überlebt. Das Marburger Programm Liszts, mit dem der Aufschwung der neuen soziologischen Schule im Strafrecht begann, erschien erst 1882 nach dem Tode Waechters. Franz von Liszt stand freilich zum Liberalismus in keinem strikten Gegensatz, sondern war in vielen Punkten seiner Forderungen ein Liberaler. Aber der Liberalismus vom Ende des 19. Jahrhunderts war ein wesentlich anderer als der zu Beginn des Jahrhunderts[1]).

Die Idee des Liberalismus am Ende des 19. Jahrhunderts hatte die gleiche über den Staat hinausweisende Tendenz wie im Anfang des Jahrhunderts, besaß aber einen gegenüber der Zeit Kants und seiner Nachfolger verschiedenen Inhalt. Bei Kant waren die Staaten letzten Endes nichts als „durch

---

[77]) Österr. Zeitschrift für Strafrecht, IV, S. 144 ff.

[1]) Vgl. zum Folgenden Holstein, Die Staatsphilosophie Schleiermachers, 1923. S. 21 ff., Deutscher Staat und deutsche Nation, Friedrich Meinecke zum 60. Geburtstag dargebracht, 1922, S. 1 ff., 155 ff.

den Rechtsgedanken zusammengehaltene zufällige Menschenkonglomerate"[2]), durch die dem einzelnen Ich die höchste Entfaltung möglich gemacht werden sollte. Als Franz von Liszts Laufbahn begann, hatte der Liberalismus den Schritt vom reinen Rechtsstaat zum Staatsorganismus insoweit getan, als dem Staat die Förderung der individuellen Interessen, wenn auch im Dienste der einzelnen Persönlichkeit, zugestanden wurde. In dieser Richtung hatten vor allem die politische Einigung Deutschlands und die neuen „sozialliberalen" Strömungen in der Volkswirtschaftslehre[3]) bahnbrechend gewirkt. Wurde schon von Kant die sittliche Würde der Staatsordnung als der Hüterin des Rechts stark betont, so erinnerte man sich jetzt an den sittlichen Wert des Staates um so mehr, als die Zeit der Niederhaltung der freien individuellen Betätigung längst einem laisser faire Platz gemacht hatte, das die bösen Geister der Ausnutzung der Schwachen und der Habsucht hatte entwickeln lassen und die Entwicklung der niederen Klassen der Bevölkerung praktisch unmöglich machte. Die Idee der Gerechtigkeit wurde dahin abgewandelt, daß man den einzelnen Menschen nur noch in untrennbarer Verbindung mit der Gemeinschaft sah und dem Staat die Aufgabe stellte, weiter als bisher in die Freiheit der einzelnen einzugreifen, um den sozialen Ausgleich zu erzielen. Treitschke kann in dieser Beziehung als Beispiel der neuen liberalen Staatsidee genannt werden. Bei allem Festhalten an dem über den Staat hinausgehenden liberalen Persönlichkeitsideale[4]) machte er doch bereits den Schritt vom Rechtsstaate zum Kulturstaate, eine Bewegung, die freilich schon mit Schleiermachers Auffassung[5]) des Ver-

---

[2]) Holstein a. a. O., S. 26.

[3]) Vgl. Herkner, Arbeiterfrage, 2, S, 156 ff. (1921),

[4]) Und zwar unmittelbar anknüpfend an die Lehren des Christentums unter Ablehnung der Antike vgl. die angeführte Meinecke-Festschrift, S. 161 ff. Über Treitschke vgl. noch Meinecke, Idee der Staatsräson, S. 488 ff., insbesondere sein Liberalismus bei der Zwecksetzung für den Staat, S. 498 ff.

[5]) Vgl. Holstein a. a. O., S. 40 ff.

hältnisses von Individuum und Gemeinschaft einsetzt, von der Treitschke auch beeinflußt worden ist[6]). Noch deutlicher wird diese Wandlung innerhalb des Liberalismus bei Gustav Schmoller, dessen Lebensarbeit zum großen Teil ein Kampf um die Sozialpolitik war[7]), und der anderseits in seinem Arbeiten fortgesetzt die Idee der Gerechtigkeit im Sinne des sozialen Ausgleichs in den Vordergrund und den Staat in den Dienst dieser Idee stellte. Es würde den Rahmen dieser Abhandlung überschreiten, wollten wir diese Wandlung des Liberalismus hier näher verfolgen; einiges darüber wird noch unten bei der Charakterisierung Liszts gesagt werden. Das bisher Gesagte soll nur die besondere Note des Liberalismus am Ende des 19. Jahrhunderts andeuten, um die folgenden Ausführungen im Strafrecht mit der allgemeinen politischen Strömung im Zusammenhang zu bringen. Dabei sind viele geistige Schwingungen unberücksichtigt geblieben, die der angedeuteten Richtung nicht entsprachen entweder, weil sie dem reinen Rechtsstaatsideal noch näher standen, wie der junge Lujo Brentano[8]), oder aber in ihrer liberalen Staatsauffassung so viel anders geartete Elemente enthalten waren, daß man Zweifel hegt, sie noch dem Liberalismus zuzurechnen. In dieser letzten Gruppe von Persönlichkeiten befinden sich auch Franz von Liszt.

Liszts Stellungnahme gegenüber den liberalen Gedanken, wie er sie im Strafrecht vorfand, ist nicht einheitlich und konsequent genug, um etwa von ihr sagen zu können, Liszt habe das liberale Strafrecht überwunden. In der Kriminalpolitik hat er wohl den Standpunkt des alten Liberalismus preisgegeben und durch die neue soziologische Auffassung ersetzt. Sobald er sich aber auf das Gebiet der Straf-

---

[6]) Vgl. Diltheys Schleiermacher-Aufsatz. Preuß. Jahrbüch., X, S. 234 ff.

[7]) Von seinen Schriften besonders: Sendschreiben an Herrn Prof. Treitschke, Über einige Grundfragen des Rechts und der Volkswirtschaft, 1875.

[8]) Vgl. Herkner, a. a. O., S. 162. Zu dieser Gruppe gehört Eugen Richter und ein großer Teil der Fortschrittspartei, vgl. Rachfahl, Zeitschrift für Politik, 1912, S. 261.

rechtsdogmatik begab, war er durchaus liberal; der Gedanke, das Strafgesetzbuch sei die magna charta des Verbrechers gegen die übergreifende Staatsgewalt[9]) beherrschte ihn völlig. Auf dem Gebiete der Systematik blieb der Liberalismus Herrscher. Wer Liszt als Persönlichkeit würdigen will, den wird dieser Zwiespalt in seinem wissenschaftlichen Wirken jede Möglichkeit nehmen, ihn einseitig unter die Liberalen oder ihre Gegner zu stellen. Erwägt man aber, daß Liszts größte Bedeutung für die zukünftige Entwicklung des Strafrechts in seiner kriminalpolitischen Tätigkeit liegt, dann wird man in ihm den Vorkämpfer für ein Strafrecht sehen, das sich von den liberalen Gedankengängen aus dem Anfang des 19. Jahrhunderts zu befreien suchte. In diesem Sinne ist Liszt für alle kommenden Generationen der Überwinder des alten liberalen Strafrechts. Uns liegt es in der geschichtlichen Betrachtung ob, Liszt als Menschen mit seinem Widerspruch zu zeichnen, denn den Zwiespalt in unserer Strafrechtswissenschaft können wir e r k e n n e n, an die neue politische Entwicklung dagegen, die Liszts kriminalpolitische Gedanken weiterführt, können wir nur g l a u b e n.

Bisher kam es den Kriminalisten vor allem darauf an, die rechtliche Begrenzung der staatlichen Strafgewalt möglichst genau durchzuführen. Daher war die Dogmatik und die Systematik des Strafrechts ihr Hauptarbeitsgebiet. Bei Liszt tritt der Gedanke in den Vordergrund, daß der Staat nur als ein Organ der gerechten Vergeltung[10]) einerseits seine Kompetenz überschreitet, indem er, um überhaupt einen Maßstab für die Vergeltungsstrafe zu haben, Grundsätze der Individualethik und metaphysische Glaubenssätze zur Rechtfertigung der Strafe heranzog, anderseits aber für die Erreichung der gesellschaftlichen Sicherheit und des kulturellen Fortschritts zu wenig Bedeutung hat und damit für jede Entwicklung auch im Sinne der ursprünglichen liberalen Humani-

---

[9]) Vorträge, II, S. 80 ff.

[10]) Über den Zusammenhang von Vergeltungsstrafe und Gerechtigkeitsidee vgl. Richard Schmidt, Die Strafrechtsreform in ihrer staatsrechtlichen und politischen Bedeutung, S. 207 ff.

tätsidee nicht in Betracht kommt[11]). Liszt kam es darauf an, das Verbrechen als soziales Übel zu bekämpfen und für diesen Zweck die Strafe umzugestalten und den Staat in den Dienst der Humanitätsidee — wie wir noch sehen werden — zu stellen. Gerade in dieser neuen Auffassung vom Werte des Staates ist Liszt ein klares Beispiel für die Wandlung der liberalen Staatsidee. Lag die eigentümliche freie Entwicklung des Individuums im Sinne des Liberalismus, wie ihn etwa Humboldt auffaßte, so forderte der Liberalismus am Ende des 19. Jahrhunderts den sozialen Ausgleich, daß jeder, nach Treitschkes Worten, einen Teil seiner Kräfte ruhen und verkümmern lassen soll, um ein harmonisches soziales Leben zu ermöglichen. Der politische Liberalismus wurde durch einen Demokratismus verdrängt, dessen Ziel es war, die natürliche Ungleichheit durch ein System staatlicher Maßnahmen soweit auszugleichen[12]), daß ein gewisser Grad von Entwicklungsfähigkeit und Kultur auch dem Schwächsten zuteil werde. Man kommt dabei konsequent zur Abkehr vom Liberalismus. Das Eigentümliche der Epoche von 1870 bis zum Weltkrieg ist es, daß eine scharfe Trennung von Demokratismus und Liberalismus nur selten erreicht wurde, vielmehr ein sogenannter Sozialliberalismus dazu führte, das eine zu tun und das andere, neue, nicht zu lassen. Liszt gehört in diese Gruppe.

In der Kriminalpolitik wandte sich Liszt von den Methoden des alten Liberalismus ab. Die Rechtfertigung der Strafe nimmt er aus dem Interesse der Gesellschaft an der Aufrechterhaltung der Rechtsordnung, ihr Zweck ist die Besserung der Verbrecher oder bei Unverbesserlichen die Unschädlichmachung. Die Strafe ist für Liszt ein Erziehungsmittel zum richtigen sozialen Verhalten: Die verfehlte Entwicklung des Verbrechers soll in die rechte Bahn gelenkt werden. Die Strafe muß also variabel und jedem einzelnen

---

[11]) Vgl. Liszt, Lehrbuch § 5.

[12]) Der Grundgedanke des Liberalismus ist gerade die Differenzierung im Staat, vgl. Rich. Schmidt, a. a. O.

Fall leicht anzupassen sein. Für die Strafzumessung „haben die gesellschaftlichen Faktoren ungleich größere Bedeutung als der individuelle Faktor[13])“. Um die Strafbarkeit einer Handlung vom Gesetzeswortlaut unabhängiger zu machen, sollen die Verbrechenstatbestände wesentlich vereinfacht werden[14]). Alle diese Gedanken sind für den alten Liberalismus unmöglich: Sie mißachten das Prinzip der Vergeltung und beeinflussen die Auslegung des Satzes nulla poena sine lege im Sinne einer Einschränkung der garantierenden Funktion des Strafgesetzes. Indem auch der Charakter des Verbrechers für die Strafzumessung ausschlaggebend wird, hat Liszt den Schritt getan vom formellen Schuldbegriff zum materiellen Verschulden, und die Frage taucht auf, warum man mit dem Beginn der staatlichen Zwangsmaßnahmen überhaupt noch auf die Ausführung einer bestimmten Handlung wartet, die doch nur symptomatischen Wert hat[15])?

Aber in diesem Warten auf die konkrete Handlung liegt nach Liszt eine der vornehmsten Aufgaben des Strafrechts: Der Schutz der individuellen Freiheit[16]). Das Problem der Rechtssicherheit hat bei Liszt ein doppeltes Gesicht, die rechtlich garantierte Sicherheit der Gesellschaft und die Sicherheit des einzelnen. Während aber der Zweck der gesellschaftlichen Sicherung am besten erreicht wird durch Erziehung des einzelnen zum sozialen Handeln, durch Formung seiner Persönlichkeit, ist die Sicherheit der individuellen Entwicklung bedingt durch ein möglichst hohes Maß von Freiheit. Zwischen diesen beiden Polen schwankt Liszt hin und her: Das Strafrecht ist die Waffe des Staates gegenüber dem asozialen Individuum[17]), aber es ist auch die magna charta

[13]) Liszt, Aufsätze, II, S. 235.

[14]) Liszt, a. a. O., II, S. 87.

[15]) Die Frage verdient ernsthafte Prüfung bei dem § 120 des Entwurfs zu einem deutschen St.G.B. 1919, wo das letzte kleinste Vergehen genügt, um eine Zuchthausstrafe zu verhängen. Dieses Minimum aber wartet der hohe Rechtsstaat geduldig ab!

[16]) Liszt, a. a. O., II, S. 80.

[17]) Die Idee der Sicherungsstrafe entspringt der Idee der Allmacht des Staates, Richard Schmidt, Strafrechtsreform, S. 207.

des Verbrechers gegenüber dem Staat. Diese Auffassung des Strafrechts als magna charta hat Liszts Kriminalpolitik die Spitze abgebrochen, hat sie vor allem in Widerspruch gebracht mit seinen dogmatischen Anschauungen, wo der liberale magna-charta-Gedanke im Vordergrund steht.

Das tritt gleich im Beginn seines Systems bei dem grundlegenden Begriff der Handlung in Erscheinung. Handlung ist Liszt gleichbedeutend mit Körperbewegung. Das ist kaum naturalistisch zu deuten in dem Sinne, daß ohne materielle Bewegung eben nichts geschieht, sondern auf das individuelle Rechtssicherheitsbedürfnis begründet, das nach möglichst sinnfälligen Kriterien der Strafbarkeit sucht[18]). Eine konkrete Handlung erst gibt dem Staat Anlaß zum Einschreiten, obwohl sie oft nur der Ausdruck eines schon lange vorher erkannten asozialen Verhaltens ist. Das materielle Verschulden ist nicht entscheidend für die Strafbarkeit, sondern für das Strafmaß und den Strafvollzug; ob der Staat eingreift, das richtet sich nach dem äußeren Ereignis des formellen, schuldhaften Widerspruchs mit der Norm. Wie der Staat eingreift, das wird durch die innere Einstellung des Menschen zum sozialen Leben bestimmt. Nicht erforderlich für die Strafbarkeit einer Handlung aber ist das Bewußtsein des Verbotenseins dieser Handlung durch den Staat[19]). Es genügt das Bewußtsein der Sozialschädlichkeit, der außerstaatlichen Idee, an der gemessen die Handlung zum Verbrechen wird. Das ist der Standpunkt des Liberalismus!

Bemerkenswert ist auch Liszts Stellung zum Problem der Einwilligung des Verletzten in die strafbare Handlung. Wenn der Staat gewisse Tatbestände allgemein für rechtswidrig erklärt, so läßt er doch bei einzelnen Tatbeständen dem Individuum oft einen bestimmenden Einfluß. Die Begründung für den Wert der Einwilligung des Verletzten fällt je nach der Staatsauffassung verschieden aus. Im Anfang des 19. Jahrhunderts stand man noch auf individualistischem Boden. Die

---

[18]) Vgl. auch Radbruch, Aschaffenburgs Monatsschrift, II, S. 455.

[19]) Lehrbuch, § 41.

unveräußerlichen Rechte des einzelnen ließen eine Einwilligung des Verletzten in die Verletzung dieser Rechte als bedeutungslos erscheinen[20]). Soweit solche Rechte nicht entgegenstanden, war die Einwilligung Rechtfertigungsgrund; das staatliche Interesse trat in den Hintergrund, auch noch bei Waechter[21]). Liszt löst diese Frage dahin, daß er eine staatsfreie Sphäre anerkennt und die Möglichkeit der Rechtfertigung einer Handlung durch Einwilligung des Verletzten zugibt, aber die Entscheidung über ein solches freies Verfügungsrecht des einzelnen dem Staate überläßt. Wohl rückt dabei Liszt staatliche Interessen oft in den Vordergrund, etwa bei der Körperverletzung[22]); letzten Endes bleibt er Individualist. Wenn er die Frage nach den jeweiligen Rechtanschauungen verschieden beantwortet wissen will, und dann darauf hinweist[23]), daß z. B. dem mittelalterlichen Rechtsgefühl die Verpfändung des Lebens oder der Freiheit nicht widerstrebte, so führt er die Frage auf die Anschauungen von der Würde des Menschen zurück. Nicht Gründe der Staatsräson, sondern die liberale Humanitätsidee läßt den Staat heute die Einwilligung als Rechtfertigungsgrund in vielen Fällen ausschließen.

Es soll Liszts Stellungnahme zu den einzelnen Problemen der strafrechtlichen Dogmatik nicht weiter erörtert werden. Das hieße Liszts Lebenswerk würdigen[24]), das ja seinen Wert und Reiz gerade dadurch erhält, daß eine neue Staatsauffassung das Strafrecht umzugestalten versucht, während die großen Gedanken der vergangenen Epoche noch mächtig genug sind, die Geschlossenheit des neuen Baues zu vereiteln. Nur abschließend soll die Frage beantwortet werden, ob Liszt als Persönlichkeit letzten Endes dem Liberalismus oder einem

---

[20]) Vgl. etwa Grolmann, Grundsätze, IV. Aufl., § 26, S. 141.

[21]) Vorlesungen, S. 189.

[22]) Lehrbuch, § 87, III.

[23]) Ebenda, § 35, IV, Anm. 9.

[24]) Vielleicht beschert uns Kohlrausch doch noch die von Hippel, Zeitschrift für die gesamte Strafrechtswissenschaft, 1919, S. 526 angekündigte Darstellung.

Staatsabsolutismus demokratischer Färbung zuzurechnen ist. Denn das Wort Sozialliberalismus mag für die politischen Tagesforderungen brauchbar sein, auf die Idee bezogen ist es wertlos: Man kann nicht zweien Herren dienen.

Es will uns scheinen, als war Liszt doch ein Liberaler. Was ihn zu seinen neuen Anschauungen auch in der Kriminalpolitik trieb, war schließlich die liberale Humanitätsidee in ihrer Abwandlung im Sinne des sozialen Ausgleichs. Wohl gab er dem Staate eine Macht über den einzelnen, die für den alten Liberalismus völlig unerträglich war. Aber die Bedeutung, die dem Staat durch Liszt wieder zukam, trifft ihn nur in seiner dienenden Rolle gegenüber dem Individuum. Die Staaträson tritt bei Liszt wohl im Verhältnis zu Waechter, oder von Bar[25]) und Binding[26]) in den Vordergrund, aber nach einer alles individuelle Leben bestimmenden Staatsidee werden wir bei ihm vergeblich suchen[27]). Schon äußerlich zeigt sich Liszts Liberalismus durch seine Zugehörigkeit zu einer liberalen Partei. Von den Konservativen wandte er sich ab, als sie, im Gegensatz zu den französischen Nationalisten[28]), für die Fortentwicklung des Machtstaatsgedankens die geistigen Grundlagen nicht mehr aufweisen konnten[29]). Zum Linksliberalismus wandte er sich aber nicht, weil er die alten Forderungen des Liberalismus, wie sie noch Eugen Richter vertrat, akzeptierte[30]), sondern weil sich im Linksliberalismus eine Reihe von Männern zusammengefunden hatten, die, wie Naumann und Max Weber, gegenüber der herrschenden

---

[25]) Grundlagen des Strafrechts, S. 14 ff., 65 ff., 92 f.

[26]) Abhandlungen, I, S. 3 ff.

[27]) Daß der neuere Liberalismus dem Staat Erziehungsaufgaben stellt und sich von der Vergeltungsstrafe abwendet, dafür vgl. M. E. Mayer Allgemeiner Teil, S. 436. Er hat sich damit in den Mitteln von dem alten Liberalismus völlig getrennt, die Idee ist geblieben.

[28]) Vgl. E. R. Curtius, Maurice Barrès und die geistigen Grundlagen des französischen Nationalismus, 1921 bes. S. 121 ff,

[29]) Vgl. den Nachruf von Lilienthal, Zeitschrift für die gesamte Strafrechtswissenschaft, 1919, S. 529 ff.

[30]) Vgl. Rachfahl, Eugen Richter u. der deutsche Linksliberalismus, hrift für Politik, 1912, S. 261.

politischen Strömung in Opposition standen, für die aber die andere bedeutende Oppositionspartei, die Sozialdemokratie, nicht in Betracht kam. Denn so sehr dieser „Naumannflügel" auch den Staatsgedanken gegenüber dem Individuum betonte, von der Sozialdemokratie trennte ihn die Unmöglichkeit, mit ihr eine machtvolle auswärtige Politik zu treiben. Ein nach außen hin mächtiger Staat erschien einem Naumann[31]) oder einem Max Weber[32]) als unerläßliche Voraussetzung einer innerpolitischen Aktivität, die freilich auch, kaum bei Weber, aber wohl bei Naumann, im Sinne der liberalen Humanitätsidee des sozialen Ausgleichs gedacht war. Bei Liszt kam noch ein persönlicher Grund hinzu, weshalb er die Zugehörigkeit zum Linksliberalismus trotz den noch immer starken individualistischen Tendenzen für erträglicher halten mochte als die Zugehörigkeit zur Sozialdemokratie. Während es Max Weber, der eine Abkehr von der Vergangenheit nicht glaubte scheuen zu dürfen, vor allem auf „das Deutschland unserer Söhne" ankam[33]), er auch den wahrlich so seltenen Mut fand, seiner Erkenntnis gemäß zu handeln, hat Liszt an der liberalen Humanitätsidee und dem magna-charta-Gedanken festgehalten, weil er zweifelnd die letzten Konsequenzen seiner kriminalpolitischen Forderungen selbst nicht wollte, die ihn in das sozialistische Lager geführt und der unsauberen Waffe des gesellschaftlichen Boykotts ausgesetzt hätten[34]). So griff er letzten Endes auf die individuellen Gedankengänge zurück und ließ oft das neue Ziel nur als Versuch gelten, am deutlichsten, fast möchte man sagen spielend, in der Frage der Zurechnungsfähigkeit[35]). Aber auch bei der Einwilligung des

---

[31]) Vgl. Demokratie und Kaisertum, 1905.

[32]) Vgl. Der Nationalstaat und die Volkswirtschaftspolitik, 1895.

[33]) Über Weber sehr schön Meinecke, Historische Zeitschrift, 1921: Drei Generationen deutscher Gelehrtenpolitik.

[34]) Ob Liszt den gesellschaftlichen Boykott gefürchtet hätte, wenn er im übrigen völlig im klaren gewesen wäre über den Weg, den er zu gehen hatte, bleibe jedoch dahingestellt. Man denke etwa an seine Stellungnahme zum § 175 St.G.B.!

[35]) Vgl. seine Münchener Rede, Aufs. II, 214 bes. am Schluß.

[35]) Vgl. seine Münchener Rede, Aufs. II, S. 214 bes. am Schluß.

Verletzten, beim Festhalten der entscheidenden Bedeutung des formellen Schuldbegriffs und bei der Forderung nach der Abschaffung der festen Strafmaße[36]), zeigt sich sein schwankender Standpunkt. Wenn er sich nicht unter die Gruppe derer stellte, für die sich alles in Thesis und Antithesis auflöst[37]), so hat er damit selber eingestanden, daß in seiner Brust nicht nur eine Seele wohnte.

Wir haben uns daran gewöhnt, das Ringende, Problematische des deutschen Geistes als einen besonderen Vorzug anzusehen, und es ist wahr, daß wir ihm „ein Reich idealischer Größe" verdanken. Aber es ist doch nicht zu verkennen, daß gerade diese „Tiefe" des deutschen Geistes uns auf dem Gebiete des politischen Handelns hinter manchem anderen Volke hat zurückstehen lassen. Wir sahen, wie Liszt sich vielfach aus dem Gedankennetz des Liberalismus löste, um dann in zweifelnder Vorsicht wieder zum Liberalismus zurückzukehren. Es ist nach Liszts Tode nicht anders geworden. Das Deutschland unserer Väter ging in Trümmer, und der neue Staat baut sich auf, mühsam und unter schweren Eingriffen in die Freiheit des Individuums. Aber wer da glaubt, die Not der Zeit würde es dahin bringen, daß „die Idee des Staates einen jeden ergreife, daß er von dem geistigen Leben etwas in sich fühle, daß er sich als ein Mitglied des Ganzen betrachte, daß das Gefühl der Gemeinschaftlichkeit stärker sei als das Gefühl provinzieller, lokaler oder individueller Absonderungen[38])", sieht sich enttäuscht. Die liberale Trennung von Recht und Staat wird erneut proklamiert und das heilige Recht gegen die staatlichen Gesetze ausgespielt. Nur unter dem Rechte soll der Richter stehen und das Individuum und die Kultur vor dem Gesetz

[36]) Vgl. Zeitschrift für die gesamte Strafrechtswissenschaft, 9, S. 491 und 10, S. 53 ff.

[37]) Vgl. Hippels Nachruf, Zeitschrift für die gesamte Strafrechtswissenschaft, 1919, S. 529 am Schluß.

[38] Ranke, Politisches Gespräch, herausgegeben von Meinecke, S. 45.

schützen[39]): Nomomachie! Es ist der alte Glauben an das „Menschenrecht“, das uns immer wieder zum Nachdenken zwingt, ob wir uns der Wirklichkeit des Staates fügen sollen. In diesem Ringen zwischen Rechtsidee und Staatsidee stehen wir gewiß nicht allein unter den Völkern Europas. Gerade die Gegenwart zeigt in fast allen Ländern ein Vordringen des Staatsgedankens und dagegen den Kampf der Nomomachen gegen das Gesetz. Besonders deutlich wird uns dieser Kampf in dem Briefe der französischen Bischöfe, in dem sie im Herbst 1924 dem Ministerpräsidenten Herriot antworteten, daß er sich wohl in seinen Maßnahmen gegen die Kirche auf bestehende Gesetze berufen könne, daß aber die Gesetzmäßigkeit vor der Rechtmäßigkeit zu weichen habe. Deutlicher kann nicht ausgedrückt werden, daß der Staat vor dem Rechte des Individuums — denn was ist es sonst für ein „Recht“ — zu kapitulieren habe. Und in England warfen die Parlamentsmitglieder Horne und Simon MacDonald vor[40]), er hätte die Anwendung des Rechts abhängig gemacht von Erwägungen der Staatsräson. Bei uns Deutschen aber sind solche Kämpfe besonders gefährlich. Unsere innere und äußere Lage erfordert heute einen starken Staat. Allen denen aber, die gegenüber realen Tatsachen sich auf einen „tiefen“ Idealismus berufen, sei unsererseits der Glauben entgegengesetzt, daß der Staat, dessen Geist nach Rankes Formulierung zugleich göttlicher Anhauch und menschlicher Antrieb ist, alle geistigen Regungen der einzelnen zur Einheit formt und die ideale Machtinstitution ist, die das geschichtliche Fortschreiten ermöglicht. Wir vermögen nicht einzusehen, weshalb der Staatsgedanke unter dem Rechtsgedanken steht:

„Ist denn das vielgepriesene Recht ein Ding an sich außerhalb des Staates, oder ist es eine für die Wohlfahrt des Staates wesentlich erforderliche Grundlage?“

(J. Ramsay MacDonald.)

---

[39]) Goldschmidt, Juristische Wochenschrift 1924, S. 249.

[40]) Unterhausdebatte vom 8. Oktober 1924.

Gedruckt bei A. W. Hayn's Erben, Potsdam

FSC
www.fsc.org
MIX
Papier | Fördert
gute Waldnutzung
FSC® C083411

Kolibri 360 GmbH
Ferdinand-Jühlke-Straße 7
99095 Erfurt, Deutschland
produktsicherheit@kolibri360.de